TOD UND PARADIES
SOLI DEO GLORIA

Meinen verstorbenen Geliebten
und den geliebten noch Lebenden

„Nascentes morimur finisque ab origine pendet."
Mit der Geburt sterben wir und das Ende beginnt mit dem Anfang.

Marcus Manilius, Rom, 30–90 n. Chr.
Aus: Astronomica, 4,16, Lehrgedicht in fünf Büchern

Friedhelm Häring

TOD UND PARADIES
FRIEDBERGER PASSION

Ein Stundenbuch

Meditationen zu den Kreuzwegstationen von
LIOBA MUNZ 1913–1997

in der Filialkirche St. Anna in Dorheim

Eine Publikation aus der Eremitage

MICHAEL IMHOF VERLAG

DANK

Mein Dank für die Veröffentlichungserlaubnis gilt der Friedberger Katholischen Kirchengemeinde und Herrn Pfarrer Kai Hüsemann.

Wertvolle Hinweise und Details über die St. Anna-Kirche erhielt ich von Hans Wolfgang Steinwachs, der sich die Dokumentation des Gemeindelebens von St. Anna seit seiner Entstehung im Jahr 1954 in Wort, Bild und Ton in einer Chronik zu einer Lebensaufgabe gemacht hat.

Herr Hubert Kaufhold wies mich auf die hohe Qualität der Klosterarbeiten von Lioba Munz hin. Er und seine Frau Elisabeth begleiteten meine Arbeit mit großem Interesse und lasen Korrektur.

Herr Elmar Egerer las mit, stellte Inhalte zur Diskussion und lieferte wichtige Beiträge zu theologischen Fragen. Zudem stellte er die Fotos von allen Gegenständen und den Motiven her, die Lioba Munz für die Gemeinden in Friedberg Mariä Himmelfahrt und St. Anna geschaffen hat.

Mein langjähriger Freund Dieter Dollinger steuerte die Fotos aus der Privatsammlung bei, die als Vergleich dienen und die zwei Motive des Kreuzwegs in der Kirche Mariä Himmelfahrt. Zudem half er zuverlässig, wenn mein PC nicht so wollte, wie ich irrte.

Der Spiritual des Klosters Marienthal in Baden Baden Benno Gerstner las das Manuskript und ermutigte mich weiterzumachen.

Ich danke dem Verlag und Herrn Dr. Michael Imhof für die Druckbereitschaft und Frau Meike Krombholz für die engagierte Betreuung bei Gestaltung und Layout.

Mit Ilse und Bernhard Eis bin ich seit einigen Jahren durch gemeindliche Anliegen verbunden. Sie sind im wahrsten Sinne des Wortes die Kuratoren für diese Publikation. Sie sind Feuerwehr, Koordinatoren und Sponsoren.

Dank gilt auch der ehrwürdigen Mutter Äbtissin Benedikta Krantz OSB für die Fotoerlaubnis im Kreuzgarten der Benediktinerinnenabtei zur Heiligen Maria in Fulda.

Mein lieber Freund Magister Bertin Gentges besorgte das finale Lektorat.

Allen gilt mein herzlicher Dank.

Friedhelm Häring: Tod und Paradies – Friedberger Passion, ein Stundenbuch. Zu den Kreuzwegstationen von Lioba Munz in der Filialkirche St. Anna in Dorheim bei Friedberg. Ein Publikation aus der Eremitage, Michael Imhof Verlag, Petersberg 2022
Text: Friedhelm Häring

© 2022 Michael Imhof Verlag GmbH & Co. KG
Stettiner Straße 25 | 36100 Petersberg
Tel.: 0661/2919166-0 | Fax: 0661/2919166-9
www.imhofverlag.de | info@imhof-verlag.de
Gestaltung und Reproduktion: Meike Krombholz, Michael Imhof Verlag
Druck: Grafisches Centrum Cuno, Calbe

ISBN 978-3-7319-1306-1

INHALT

Vorwort 6
Die Künstlerin 8
Studium und Technik 13
Sankt Anna in Dorheim 19
Kreuzweg 22
   1. Jesus wird zum Tode verurteilt 24
   2. Jesus nimmt das Kreuz auf seine Schultern 26
   3. Jesus fällt zum ersten Mal unter dem Kreuz 28
   4. Jesus begegnet seiner Mutter 30
   5. Simon von Zyrene hilft Jesus das Kreuz tragen 32
   6. Veronika reicht Jesus das Schweißtuch 34
   7. Jesus fällt zum zweiten Mal unter dem Kreuz 36
   8. Jesus begegnet den weinenden Frauen 38
   9. Jesus fällt zum dritten Mal unter dem Kreuz 40
  10. Jesus wird seiner Kleider beraubt 42
  11. Jesus wird an das Kreuz genagelt 44
  12. Jesus stirbt am Kreuz 46
  13. Jesus wird vom Kreuz abgenommen und in den Schoß seiner Mutter gelegt 48
  14. Der Leichnam Jesu wird in das Grab gelegt 50
Kreuzweg und Passionszeit 52
Tod und Paradies 57

Literaturnachweis 64
Abbildungsnachweis 64
Der Autor 64

VORWORT

Wie ein Krake stülpt sich die Produktionskraft der Weltwirtschaft über die Erde und saugt sie aus. Die Dynamik des Vorgangs wird unterstützt durch die digitale Versklavung aller Individuen, die sich aus beruflichen Gründen den digitalen Instrumenten nicht entziehen können. Dem dressierten Rest werden sie als globaler Spaß verkauft. Durch Wirtschafts-, Kriegs- und Klimakatastrophen wird die Menschheit zudem durcheinandergewirbelt und ausgelaugt wie die Erde. Unsere Kommunen beheimaten Menschen, die mehrheitlich in Not aus unterschiedlichen Weltregionen und Religionen zugezogen sind. Vielen bleibt die Religion der einzige Rest von Heimat und Identität.

Christen, Juden, Muslime und andere schauen mit Unverständnis aufeinander. Dies wird durch Ethnien, soziale Umstände und Politik verstärkt. Da viele Menschen an Gott glauben – auch solche, die nicht in die Gotteshäuser gehen – glauben sie an einen Höchsten, der sich nicht beweisen und auch nicht bestreiten lässt. Gläubige wie Ungläubige eint Unkenntnis. Das sollte zu größter Toleranz anhalten. Uns verbindet die durch unser gereiftes Bewusstsein geweckte, im Alltag und in der Lebensbewältigung spürbare Unabdingbarkeit der uns von Geburt an gegebenen Sterblichkeit. Innerhalb der Pole Tod und Hoffnung rufen viele im Drama des Lebens zu Gott als Antwort bei der Sinnsuche. Er steht dem Nichts gegenüber mit dem Versprechen auf das Weiterleben im Paradies.

Von der unglückhaften lauten Welt ablenkend, beschäftigt sich diese Publikation in der Stille einer kleinen Kirche mit dem Kreuzweg von St. Anna in Dorheim, einem Ortsteil von Friedberg (Hessen). Geschaffen wurde er von Lioba Munz und wird mit anderen Arbeiten der Künstlerin in der Gemeinde Mariä Himmelfahrt vorgestellt. Das Buch ist auch denen zugedacht, die keine Christen sind und denen, die die Vorstellung von Gott ablehnen, den Geschwistern im Schmerz und in der Sterblichkeit.

Basis aller Nachdenklichkeit ist die Betrachtung der Bilder, die den Weg Jesu von seiner Verurteilung bis zur Grablegung nach der Kreuzigung durch die Römer in Jerusalem zeigen. Er wurde als Erlöser gefeiert. Unter den zahlreichen Religionsstiftern nahm er das Menschenschicksal bis zur Erniedrigung als Verurteilter auf sich, weil er nicht aufhörte, von der Liebe und der Gleichheit der Menschen vor Gott zu sprechen. Er lud ein, ihn als Vater zu sehen und schuf den persönlichen Zugang. Vom rächenden Staatsgott Israels führte er ihn als den Schöpfer aller Welten und Völker ein. Dadurch provozierte er seine konservative Gemeinschaft. Er hinterfragte die soziale Ordnung, in die er hineingeboren wurde. Als Wahrheit lehrte er, Gott ist der Gott der Liebe und des Verzeihens.

Für dieses moderne, liebevolle Gottesbild, das das System und die Deutungshoheit der etablierten Kasten in Jerusalem in Frage stellte, nahm Jesus das Kreuz an und starb. Er wurde

Opfer von Reformangst, Hass und Verachtung bis in unser Heute. Aus seinem Aufbruch können wir Mut, Hoffnung und Trost beziehen. Liebe ist größer als Tod und Schmerz. Aus ihr lebt der elementare Glaube der Christen. Die Liebe birgt und hält uns im Glück, aber auch im Schmerz und im Sterben.

Drei Fragen wird nachgegangen:
- Kann die Künstlerin diesem Thema bei der Überfülle an Vorbildern eine gültige bildnerische Aussagekraft schenken?
- Wie wird die Würde des Themas in Technik und Stil für alle eindringlich in das Heute vermittelt?
- Wie sind die für viele fremd gewordenen Inhalte dieser religiösen Bildwelt allgemein verstehbar?

Die Abbildung des Altarkreuzes von Dorheim zeigt nicht den gefolterten und verspotteten Delinquenten Jesus mit Dornenkrone, der angenagelt am Holz an seiner Eigenlast qualvoll erstickt, sondern den Auferstandenen, den Christus, der Menschen und Welt segnet. Sein Haupt ist umstrahlt vom Heiligenschein. Er scheint schwebend, das Leid ist überwunden. Die Kreuzesdarstellung vermittelt zwischen Passionszeit und Ostern im Sinne der Heilsbotschaft, dass der Tod nur ein Durchgang ist. In allen Kreuzwegstationen der Künstlerin, selbst da, wo er un-

Abb. 1: Altarkreuz Dorheim, St. Anna, 1954

ter dem Kreuz ohne Heiligenschein zusammenbricht, ist Christus als das Heil schlechthin, als der Erlöser dargestellt.

Das ist für die Einstellung von Lioba Munz programmatisch. Das Kreuz gibt Hoffnung, macht Mut. Dies Bekenntnis schenkt uns die Künstlerin in dieser Arbeit und in ihrem bemerkenswerten Werk. Es ist glaubwürdig durch ihr entschiedenes und klares Leben.

DIE KÜNSTLERIN

Die Benediktinerin Lioba Munz (1913–1997) war eine außergewöhnliche Persönlichkeit mit vielen Talenten. Als Lotte Munz kam sie in einer bürgerlichen, protestantischen Familie in Bingen am Rhein zu Welt. Der Vater war Prokurist. Das Kind lernte in ihrem behütenden Elternhaus früh Geige spielen. Sie liebte die klassische Musik, die in ihr als Wesensanteil lebendig schwang. Als zweites Instrument lernte sie Cello. Das verrät Ernsthaftigkeit und Interesse über das Maß dilettierender Kinder hinaus. Der Gedanke der musikalischen Begabung als Instrument besonderer Aufnahmefähigkeit unendlicher kosmischer schöpferischer Schwingungen wird die Betrachtung begleiten.

Seit früher Jugend faszinierte sie das Klosterleben der Nonnen, das ihr im familiären Umfeld nicht vermittelt sein konnte. Möglicherweise war sie durch die auf der anderen Rheinseite gelegene Benediktinerinnenabtei St. Hildegard in Eibingen bei Rüdesheim inspiriert. Vielleicht hatte sie von der weltbekannten Persönlichkeit der Hildegard von Bingen (1098–1179) gehört, die als Dichterin, Komponistin, Universalgelehrte, Heilerin, Kirchenlehrerin, Seelsorgerin und Äbtissin diesem Kloster vorstand, in Bingen verstarb und in der Pfarrkirche St. Hildegard beigesetzt wurde. Sie wurde – nicht nachvollziehbar spät – erst 2012 heiliggesprochen.

Das Leben der Frauen war vor der Zeit der Heiligen und ist fast tausend Jahre danach immer noch weltweit orientiert auf Heirat, Kinder, Broterwerb und Sittsamkeit. Hildegard konnte für das junge Mädchen ein beeindruckendes Beispiel für das selbstbestimmte Leben sein, das die zwanghaften Umstände nicht nur des Mittelalters sprengte. Sie konnte und kann einen emanzipierten Weg durch das Leben zeigen, frei von der Geschlechterrolle, vom Trend der Moden und des Konsums.

Nach ihrer Gymnasialzeit bis 1929 unternahm die junge Erwachsene Schritte in dieses Eigenleben. Lotte besuchte Abendkurse an der Mainzer Kunstgewerbeschule. Kunst als Alternative, denn in Mainz lernte sie an der Frauenarbeitsschule den Beruf der Hortnerin und Kindergärtnerin und legte ihr Examen ab. Das war mehr, als anderen jungen Frauen in dieser Zeit zugestanden wurde. Im ländlichen Raum lernten die meisten von ihren Müttern die Haushaltsführung und wurden möglichst schnell verheiratet zur Erhaltung der Gattung und wegen der Versorgung durch und für Gatten, Kinder und Enkel. Der Beruf der Kindergärtnerin verhieß Unabhängigkeit, war auf lange Sicht aber keine Perspektive für Lotte, die in der beginnenden Nazizeit christlich-kommunistisch dachte und nicht einsah, warum sie ihren jüdischen Freunden auf der Straße ausweichen sollte.

Lotte suchte den eigenen Weg, nicht den von einer Frauenarbeitsschule vorgewiesenen, gesellschaftlich angepassten. Die Musik gab den Impuls für den bedingungslosen Ausbruch. Sie pendelte für ein Jahr nach Dresden, um ihre professionelle musikalische Ausbildung auf der Geige zu vollenden. Durch diesen Schritt festigte sich der Entschluss, aus der normierenden Bürgerlichkeit in die Welt der Kunst zu wechseln, die zwar nicht außerhalb der Bürgerlichkeit stehen muss, aber ihre Orientierung aus anderen Quellen als denen des Alltags und der Allgemeinheit suchen und finden sollte. Statt Heirat, Broterwerb, Kapitalmaximierung, Nestbau und Brutpflege, Altersvorsorge, Versicherung und Krankenkasse ist die Kunst ein anderes Elixier: Tor zur Welt, zum Weltverstehen. Die Kunst, die Adalbert Stifter (1805–1868) die „irdische Schwester der Religion" nennt, begleitet seit Jahrtausenden den Tempel und Kirchenbau, besitzt aber, frei von Doktrinen, ein selbstständiges Aussagepotenzial.

Während einer der Zugreisen nach Dresden hörte sie von der Abtei zur Heiligen Maria in Fulda, stieg eines Abends aus und erlebte das Nachtgebet der Nonnen, die sogenannte Vigil. Es ist die nächtliche Gebetswache vor einem Fest im Kirchenjahr. Vigilien werden in Gemeinschaft gefeiert, Psalmen werden gesungen und biblische Texte gelesen. So bereiteten sich früher auch christliche Familien auf den Sonntag vor.

Die klösterliche Gemeinschaft in der Andacht, im Gebet und Gesang gemeinsamen Einschwingens versunken zu erleben, muss tiefen Eindruck gemacht haben. Lotte konvertierte – noch nicht volljährig – gegen den Willen der Eltern zum römisch-katholischen Glauben mit dem festen Entschluss, in diese Klostergemeinschaft einzutreten. Sie positionierte sich durch den Schritt gegen den Ungeist der anwachsenden Nationalsozialisten, die gegen die Kirche, die Friedfertigen und gegen die Juden waren. Mit 21 Jahren trat Lotte in die Benediktinerinnen-Abtei zur Heiligen Maria in Fulda ein, wo sie bis zu ihrem Tod über 63 Jahre blieb. Sie nahm den Namen Lioba an, nach der Ordensschwester Lioba von Tauberbischofsheim. Diese wurde um 700/710 in England als Adlige geboren, gehörte wie so viele Nonnen und Mönche des Mittelalters zur privilegierten Elite, die freiwillig die Armut wählten. Lioba kam, im Dienst an Gott für die Menschen, als Missionarin im Gefolge des Bonifatius nach Deutschland. Sie starb 782. Ihre Grablege befindet sich auf dem Petersberg. Lioba ist eine Ortsheilige in Fulda. Dies dürfte der Grund sein, dass aus der weltlichen Lotte Munz die Ordensschwester Lioba wurde.

Bonifatius (673–754) war Missionserzbischof, Kirchenreformer im Frankenreich, Bischof von Mainz, Auftraggeber des Benediktinerklosters in Fulda, päpstlicher Legat für das mehrheitlich nicht christliche Germanien. Der „Apostel der Deutschen" wurde 754 ermordet. Ohne die Klöster, ohne Nonnen und Mönche, wäre Europa in seiner kulturellen Höhe nicht entstanden. Die Klöster bildeten zudem das soziale Netz der europäischen Welt bis in das 19. Jahrhundert.

1939 legte Lioba das öffentliche Gelübde ab, nach den Ordensregeln zu leben. Diese schreiben Armut, Keuschheit und Gehorsam vor. Ihre hohe Intelligenz, musikalisch-musische Grundgestimmtheit, charakterliche Stärke, Mut, Demut, Aktivität und Kreativität bewahrte sie sich in dieser Gemeinschaft bis zu ihrem Lebensende. Diese Tugenden fanden Niederschlag in ihren Kunstwerken. Das Mädchen mit dem sicheren Gespür für den geraden Weg bis zum Tod als Ordensschwester setzte bedeutende künstlerische Zeichen.

Klostergemeinschaft und Kunst, Gebet und künstlerische Disziplin folgten der Grundregel des Ordensgründers, des Benedikt von Nursia (um 480–547), der als Einsiedler, Abt und Ordensgründer 529 zwischen Rom und Neapel die Abtei Montecassino in einem Apollotempel gegründet hatte. Ort und Zeitpunkt verdeutlichen den Übergang von der spätantiken Welt in das frühe Mittelalter und den ungeheuren Weltwandel in dieser Zeit. Eine seiner Grundregeln lautete: „ora et labora – bete und arbeite". Das eine zeugte vom anderen aus der Freude an Gott.

Liobas Begabungen wurden durch die Äbtissin Dr. jur. Maura Lilia, die den Konvent in Fulda von 1937–70 leitete, erkannt und gefördert. Sie wies die junge Schwester der Keramikwerkstatt des Klosters zu. Wie Mitschwestern bezeugen, war sie die unbestrittene Initiatorin der Werke aus der Klosterwerkstatt, arbeitete bis zur Erschöpfung. Zum Ausgleich und zur Rekreation spielte sie auf ihrem Cello und der Geige, eine wortlose Form des Gebets und des Dialogs zwischen Seele und Gott. Bis 1949 führte sie vorwiegend keramische Arbeiten aus.

Ihre künstlerische Ausbildung und Kenntnisse erweiterte sie in der Benediktiner-Abtei vom Heiligen Kreuz in Herstelle. Neben vielen Gefäßen, die sie modellierte und bemalte, entwarf sie 1948 für ihr eigenes Kloster einen Brunnen, der im Kreuzgarten der Abtei aus gebranntem Ton aufgestellt wurde. Modelliert wurde er von ihrer Mitschwester Salutia Hergersberg. In Ansätzen zeigen die Entwürfe ihren späteren Stil, starke Reduktion auf das Wesentliche, eindringliche Linearität, konstantinisch-antikische und byzantinische Großflächigkeit.

Die byzantinische Großflächigkeit hat ihren Ursprung in dem Zerfallen des Imperium Romanum in zwei Machtbereiche, dem oströmischen und dem weströmischen Reich. Daraus wachsen zwei unterschiedliche europäische Kunstauffassungen. In der östlichen sieht man die Erscheinung der Welt, als ob sie wahr wäre. Das ist die Welt der Ikone, von Russland über Griechenland bis zur Kunst der Mosaiken in Ravenna. Es ist die Welt der platonischen Philosophie und Weltdeutung. Westrom zerbrach im 5. Jahrhundert durch die Völkerwanderung und musste sich ständig neu erfinden. Der aufklärerische, forschende, aristotelische Gedanke, Fragestellungen und Zweifel spielen – durch die Renaissance in Italien verstärkt – eine wesentliche Rolle. Das östliche Weltverständnis lebt aus der Weltsicht verinnerlichter Wahrheit. Die Hinwendung der Künstlerin zur halbabstrakten großflächigen Form geht mit diesen Kenntnissen und Überlegungen Hand in Hand.

Ihre ehemalige Werkstatt in Fulda lag außerhalb der Klausur an der Klostermauer. Nach der Ausbildung in den Kunstwerkstätten in Herstelle im Kreis Höxter zwischen 1935–37 durfte Schwester Lioba die Kunstwerkstatt in Fulda 1939 aufbauen. Die Disziplin als Ordensfrau war keine Einschränkung. Die Ordensgemeinschaft gab, im Gegenteil, in der Nazizeit Schutz und Gestaltungsraum. Ihr Kunststil der Großflächigkeit und Linearität verband sich mit der elementaren Ausdruckskraft des Expressionismus. Der galt den Nationalsozialisten als entartet und wurde als undeutsch angeprangert.

Käthe Kollwitz (1867–1945) kann als ein mögliches bedeutendes Vorbild gelten. Ihre sozial und politisch engagierte Kunst, großflächig-eindringlich, positioniert die Künstlerin als Stimme für die Armen und Unterdrückten und gegen den Krieg. Viele ihrer Werke wurden zu Ikonen der Moderne und waren den Kriegstreibern der Nationalsozialisten verhasst.

Auch das Werk von Ernst Barlach (1870–1938) zeigt in Zeichnung, Druckgrafik, Dramen und seinen Holzskulpturen humanistische Gradlinigkeit, die im Dirigat klarer Linienschwünge die Essenz des Lebendigen fassen wollen, angelehnt an die christliche Lehre, als freiheitliches Menschenbild. Sein „Singender Mann", 1928 in Bronze gegossen, gehört zu den am häufigsten abgebilde-

Abb. 2: Brunnen im Kreuzgarten der Abtei zur Heiligen Maria in Fulda, 1948

ten Werken deutscher Herkunft, ist fester Bestandteil weltberühmter Museen und Sammlungen. Barlach formuliert: „Wir erkennen die Unendlichkeit im stillen Spiegel klarer Klänge, einfacher Töne." Auch für ihn ist die Trias Gott, Musik und Kunst lebendig.

Die Kreativen aller Gattungen mussten nach 1933 Mitglieder in der Reichskulturkammer sein, die besser Reichskontrollkammer genannt worden wäre, sonst erhielten sie weder Material noch Arbeits- und Ausstellungsmöglichkeiten. Gegen Kontrolle und ideologische Gleichschaltung stemmte sich eine Kunst im Untergrund, wirkte gegen Menschenhass und Menschenverachtung. In „Der singende Mann" von Barlach ist das Grundmotiv der in sein Innerstes bis zum Abgründigen schauende Mensch. Haltung, Nachdenklichkeit und Versenkung deuten und bestimmen sein Tun. Zum Gesang gehören Lauschen, Innerlichkeit, Atemtechnik und Sprache. Dann hört man das Melos, die Einzigartigkeit, in der der Gesang sich dem Kosmos als ein Teil unendlicher Ordnung einfügt. Es schwingt und tönt durch die Skulptur, durch den Menschen und macht die

Person (personare, lat. hindurchtönen) oder den geeigneten Betrachter zum Instrument eines Bedeutenderen. An diesen künstlerischen Grundqualitäten konnte sich Lioba Munz orientieren. Es strahlt aus ihrem ganzen Werk in den Schmelzfarben und Linienbögen wie aus den Klängen und Rhythmen einer Sinfonie.

Nach der Nazizeit erlaubte die Äbtissin der Ordensfrau Studienreisen. Lioba besuchte Rom, Assisi, das antike Paestum bei Salerno, die apulische Hafenstadt Barletta am Sporn des italienischen Stiefels, wo schon die Phönizier, Griechen und Römer siedelten. Sie fuhr nach Madrid, Toledo und Orten in Andalusien, durfte Konzerte im Fürstensaal des Fuldaer Schlosses besuchen und in Zivilkleidung das Kloster verlassen. Sie hatte für ihr Studium in Köln privilegierte Voraussetzungen, war nicht an die Klausur gebunden. Bald stand sie in hohem Ansehen. Durch die Emaillearbeiten erlangte sie nationale Bedeutung. Das erstaunliche Eigenleben der Ordensfrau – auch in künstlerischen Fragen – hatte einen Kompass, wie Schwester Salome unterstreicht, die 50 Jahre Mitarbeiterin an der Seite Liobas war: „Schwester Lioba hat kein Werk ohne die Heilige Schrift gemacht, die sie immer wieder studiert hat. Sie war ihr Wegweiser."

(Alle im Text erwähnten biographischen Daten zur Künstlerin fußen auf der Publikation von Michael Imhof: „Lioba Munz, Leben und Werk der Benediktinerin und Künstlerin", siehe Nachweise Seite 64).

STUDIUM UND TECHNIK

Seit 1950 hatte Lioba Munz sich mit Schmelzarbeiten befasst. Der an der Hanauer Goldschmiedeakademie tätige Dozent Rolf Kubesch (1914–1970) vermittelte ihr in Fulda erste Kenntnisse zur Emaille-Arbeit. Lioba Munz begann 1953 ihr Studium in Köln an der Kölner Werkkunstschule bei der Professorin Elisabeth Treskow (1898–1992). Als Meisterschülerin schloss sie 1958 ihr Studium ab. Ihre Lehrerin hatte sich mit Senk-Emaille-Arbeiten und der Cloissonné-Technik auseinandergesetzt. Innerhalb der Metallurgie interessierte sie besonders die Granulationsarbeiten der neuen sensationellen archäologischen etruskischen Schmuckfunde. Elisabeth Treskow war auch für ihr Design bekannt, entwarf und fertigte die Meisterschale des Deutschen Fußballbundes, die sogenannte „Salatschüssel". 1948 begann sie mit der aufwendigen Restaurierung des Dreikönigschreins des Kölner Domes in einem ersten Schritt. 1961 konvertierte sie zum römisch-katholischen Glauben. In dieser Zeit setzte die international anerkannte Metallrestauratorin die endgültige Renovierung des kostbaren Dreikönigschreins fort. 2006 benannte die Stadt Köln einen Platz am Rheinauhafen nach der bekannten Professorin.

Ein anderer prägender Professor in Köln war Friedrich Vordemberge (1897–1981), der sie in der Reduktion des Gegenständlichen zu Grundformen stilistisch bestärkte. Auch in seinem Werk tendierten die gesuchte Einfachheit und eindringliche Klarheit zur religiösen Symbolik. Er war seit 1947 an der Werkkunstschule, wurde 1959 ihr Direktor.

Reich ausgestattet mit bedeutenden Kenntnissen – befeuert von dem Wunsch, durch ihre Kunst zur Verherrlichung Gottes beizutragen – ging Schwester Lioba schon während des Studiums mit einem Team in ihrer Abtei an die Arbeit. Der Wunsch, das Wollen, wurde durch das große Können wesentlich unterstützt. Wie erwähnt, schöpfte sie aus der frühen byzantinischen Kunst, die aus der Symbolik lebt. Dieser Eigenheit folgt auch die westeuropäische roma-

Abb. 3: Deckelschale China, 19. Jahrhundert, privat

nische Kunst, besonders die Buchmalerei des 11.–12. Jahrhunderts. Raum wird eliminiert, das Körperrund in die Fläche gedrängt und als Ornament linear aufgefasst.

Man kann dies im Albani Psalter 1119–46 im Schatz der Kirche St. Godehard in Hildesheim sehen oder im Hitda Codex, dem Hauptwerk der ottonischen Kölner Buchmalerei um 1000–20, in der hessischen Landes- und Hochschulbibliothek in Darmstadt. Die Anfänge der christlichen Buchmalerei waren nicht nur als Bild- und Schriftträger verstanden worden. Die Arbeit des Schreibens und Malens wurde als Akt der Askese und Kontemplation empfunden und diente der Imitatio Christi, dem Versenken und Nacheifern des Lebens von Jesus von Nazareth.

Als meditatives Eintauchen in das Leben von Christus haben wir das ganze Werk und den während des Studiums in Köln entstandenen Kreuzweg der Schwester Lioba für Dorheim zu verstehen. Aus den angesprochenen Qualitäten beantworten sich die im Vorwort gestellten drei Fragen. Die Künstlerin besitzt in Farbe, Form und Linie eine besondere Aussagekraft, die die Eindringlichkeit des Themas vermittelt und die Allgemeinverständlichkeit durch ihre Unmittelbarkeit garantiert.

DIE TECHNIK

Das Cloisonné oder der Zellenschmelz ist eine 3500 Jahre alte Technik, die in frühesten Beispielen aus Mykene und Ägypten bekannt ist. Metalltöpfe lassen sich durch den glasartig aufgeschmolzenen Überzug leichter reinigen als Eisentöpfe und sind nicht so zerbrechlich wie die vergleichbar überzogenen Keramikwaren. Die Gefäße sind durch den Überzug säurefest, temperaturbeständig, lichtfest, wetterfest. Emaille war eine große Neuerung für die Hygiene und Esskultur. Emaillierte Bleche wurden später als Firmen- und Werbeschilder eingesetzt.

Die Emaille-Schicht wird als reine Farbe oder als Malerei auf Blech, Kupfer, Messing aufgebracht. Die Farbschicht ist 0,3 bis 0,4 mm stark. Als Material verwendet man Sonderglas aus Silikaten, das aus giftfreien Alkalien gewonnen ist. Es wird mit verschiedenen Metalloxyden und Farbkörpern gemischt, die im Brand unterschiedlich farblich reagieren und das Bild ergeben. Wir kennen seit der Romanik Emaille-Arbeiten als Teil der Prunkrüstungen, von Schmuck, kunstvollen Pokalen und Dosen.

Schwester Lioba hat auf die Technik des Zellenschmelzes zurückgegriffen. Zur Abgrenzung der Farbflächen gegeneinander und zur Unter-

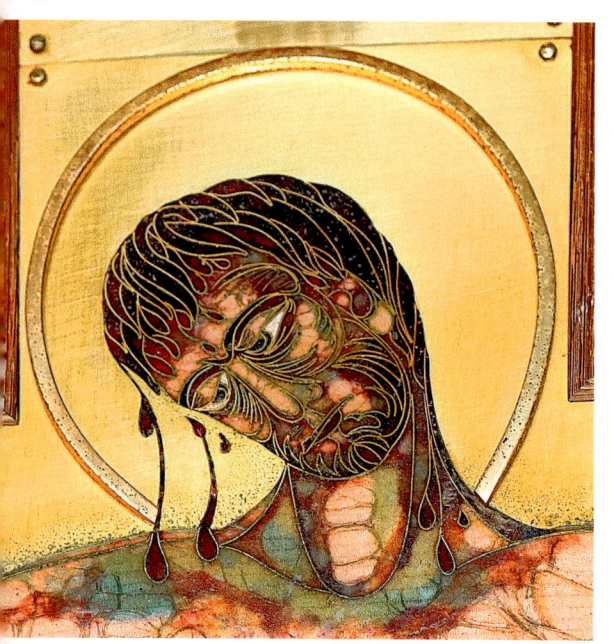

Abb. 4: Detail aus dem Kreuz in der Heilig-Geist-Kirche in Friedberg, 1960

Abb. 5: Altarkreuz Heilig-Geist-Kirche, Friedberg, ursprünglicher Zustand

streichung der linearen Dynamik hat sie mit ihrem Team flachgewalzte Edelmetalldrähte hochkant aufgelegt und verlötet. Die Zellen werden anschließend mit dem Gemenge aus Oxyden für die Farbe und aus Quarz, Feldspat, Borax, Soda für die Glasur gefüllt. Durch den Brand bis zu 1200 Grad treten die Teile eine enge Verbindung mit dem Grund ein.

Das Kreuz über dem Altar in der Heilig-Geist-Kirche in Friedberg ist in dem lichtdurchfluteten Raum des Baues aus den Jahren 1959/60 Zentrum und Ziel. Besonders im Gesicht Jesu erkennt man durch die Metallstege Schmerz, Schweiß und Tod in expressiver Zeichnung der Linien. Dieses Gesicht besitzt ornamentale Abstraktion, ein Muster wie die unten gezeigte Deckelschale aus China, rührt in seiner überzeitlichen Ausdrucksstärke an. Das ikonische Gesicht enthält, ohne Details, enorme Bildkraft. An den Balkenenden des Kreuzes geben Halbedelsteine dem Gekreuzigten und seinem Tod auch hier den Charakter des Triumphes der Überwindung.

Die Balkenenden zeigen Feuerzungen, den sinnstiftenden Hinweis des Kreuzestodes auf das lebendige Weiterleben von Christus und seine Gegenwart durch und in dem Heiligen Geist über seinen Tod hinaus. In dieser Botschaft ähneln sich das Friedberger und Dorheimer Kreuz.

Das Kreuz als Arbor Vitae, als Baum des Lebens, als Überwindung des Todes, ist eine in der Bildtradition der katholischen Kirche bekannte Darstellungsform seit der Romanik. Für die Heilig-Geist-Kirche ist sie besonders geeignet. Sie zeigt die glückhafte Seite der Botschaft des Todes von Christus, nämlich die der Liebe, Sündenvergebung und Überwindung des Todes. Die Farbigkeit des Kreuzes verbindet sich eindrucksvoll mit den farbdynamischen abstrakten Arbeiten der 2003/04 neu eingebauten Glasfenster des international tätigen englischen Glaskünstlers Graham Jones.

Das Vermögen, die besondere Beziehung zwischen Vater und dem Opfer des Sohnes als Zeichen der sinnstiftenden Antwort unserer Glaubensfragen hinzustellen, macht die Darstellungsform der Künstlerin überzeitlich gültig, unzweifelhaft. Sie desillusioniert nicht durch einen haltlosen Realismus, der zu Subjektivismen reizt.

Abb. 6: Sechskantdose mit Darstellungen von Phönix und Drache, spätes 19. Jh., privat

Sie gibt ihrem Schaffen eine eindringliche Bildaussage: Der Gekreuzigte als Zeichen ewigen Lebens.

In China kennt man Cloisonné-Kunstwerke seit über tausend Jahren. Auf einer Sechskantdose sieht man die Ewigkeitssymbole Phönix und Drache als farbiges Muster zwischen den Metallstegen. Während die geblümten Muster auf der Seite 13 abgebildeten Deckelschale in der Ornamentik der Web- und Teppichkunst verankert sind, zeigen Phönix und Drache Vorstellungswelten, die sich mit Gedanken der Ewigkeit, Dauer und des Überdauerns auseinandersetzen. Seit der Antike, im frühen Christentum, bei den Ägyptern oder Chinesen galt der Phönix als Zeichen der Auferstehung. Auch für Christen war er Symbol des Auferstandenen.

Laut der Bibel beginnt das Leben, nachdem Gott das Licht schuf. Die mythische Gestalt Phönix entstand im Umfeld einer religiösen Weltsicht, nach der das Licht der Sonne die Grundlage allen Lebens sei. Das ist der heutigen Forschung sehr nahe. In der Darstellung von Drache und Phönix mischen sich Vorstellungen von Chaos und Kosmos. Bei Christen musste deswegen der Drachentöter kommen, der Heilige Georg. In der chinesischen Kultur ist der Drache Symbol der Fruchtbarkeit und der kaiserlichen Macht. Die Sechskantdose mit Deckel stammt aus dem späten 19 Jahrhundert.

Der Beginn des Johannesevangeliums ist ein Lichtgesang. Die an den US-Amerikaner Cy Twombly (1928–2011) erinnernden Glasmalereien von Graham Jones, die dem abstrakten Expressionismus nahe stehen, sind ein Farb-Lichtgesang. Der Tabernakel steht vor lichter roter Farbe. Das Kreuz im hellen Kirchenraum ist ein Zeichen des Gotteslichtes, das uns aus dem Tod des Sohnes entgegenleuchtet. Das

Abb. 7: Tabernakel mit Hintergrundgemälde, Heilig-Geist-Kirche, Friedberg

Geistige der Trias Kreuz, Tabernakel und Lichtmalerei, schafft die stimmungsvolle Würde der Heilig-Geist-Kirche.

Kreuz und Auferstehung werden in allen Kreuzen der Lioba Munz eins. Ihre zwei Hängekreuze in Friedberg bestätigen die sehnsuchtsvolle Vorstellung vom Weiterleben über den Tod hinaus. Das Altarkreuz in der Heilig-Geist-Kirche hat den angesprochenen direkten Bezug zum Tabernakel. Seit der Innenrestaurierung

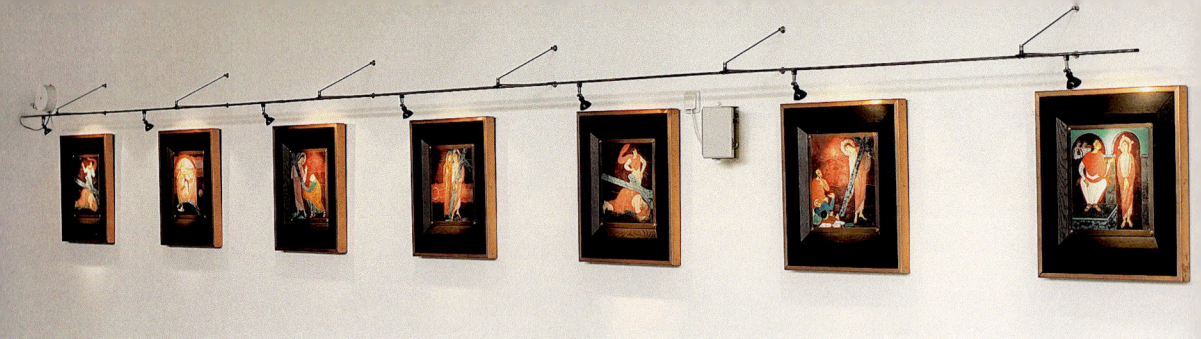

Abb. 8: St. Anna, Dorheim, rechte Innenseite, Kreuzweg, Stationen 1–7, 1954

Abb. 9: St. Anna, Dorheim, linke Innenseite, Kreuzweg, Stationen 8–14, 1954

von 2002 ist er mit dem Rot des Gemäldes auf Leinwand hinterlegt, die sich dem Hängekreuz über dem Altar verbindet. Der Zusammenhang zwischen dem uns hinterlassenen Heiligen Geist, dem Abendmahl mit der segensreichen Stärkung und die Anwesenheit Gottes werden deutlich.

Der Blick in den Innenraum von St. Anna ist gegenüber der Heilig-Geist-Kirche dunkel. Er zeigt die 14 Stationen des Kreuzwegs. Sie sind während des Studiums von Lioba Munz in Köln entstanden. Mit der Vorzeichnung und der Senk-Emaille-Arbeit, die sich in einer Probeversion in der Fuldaer Klosterwerkstatt erhalten hat, gehören die Zellenschmelzarbeiten im Format von 34 x 31,5 cm zu den von der Künstlerin besonders geschätzten frühen Arbeiten.

Sie ließ neun Motive 1955 in der Zeitschrift „Das Münster" abbilden. Sie gehören zum Besten ihres Frühwerks. Die Künstlerin zeigt eine reife Stufe ihres Könnens. Denn schon zuvor hatte sie sich mit dem Thema Kreuzweg beschäftigt. Bereits 1952 stellte sie Kreuzwegstationen für die Kirche in Marburg-Cölbe her, in 25 x 25 cm Größe. Im Format 50 x 45 cm schuf sie 1953 für ihre eigene Abtei in Fulda eine Kreuzwegstation. Innerhalb dieser Werkgruppe sind die Dorheimer Arbeiten besonders intensiv.

In der oberen Reihe sehen wir von rechts nach links die Verurteilung durch Pilatus und die Stationen bis zum zweiten Zusammenbruch unter dem Kreuz; in der unteren Reihe von rechts nach links die Begegnung mit den Frauen und als vierzehnte letzte Station die Grablegung.

SANKT ANNA IN DORHEIM

Dorheim wurde 1972 eingemeindet. Früher als die Ersterwähnung Friedbergs 1216 wurde der Ort schon im Lorscher Kodex am 10. Juli 775 erwähnt.

Zur Geschichte seiner Gemeindekirche St. Anna hat Hans Wolfgang Steinwachs eine informative 32-seitige Broschüre geschrieben, die das Leben der Gemeinschaft lebendig schildert und den sozialen Auftrag der Kirche einbezieht, das Gotteshaus als Möglichkeit der Identifikation und als Heimat herausstellt.

Nach der Reformation wurde die Gemeinde spät protestantisch. 1549 wird erwähnt, dass der „Pfarrer von Dorum noch katholisch" ist. In den nachfolgenden Jahrhunderten wuchs die Siedlung zu einer größeren Gemeinde an, die 1925 über 1200 Einwohner hatte, davon nur 76 Katholiken. Das Jahrbuch der Diözese Mainz vermerkt lakonisch: „Ohne Gottesdienst". Das sollte sich nach dem zweiten Weltkrieg schlagartig ändern. Allein in Gießen kamen in kurzer Zeit 150.000 Flüchtlinge an. Der Strom schien nicht abzuebben. Sie mussten in kürzester Zeit untergebracht und integriert werden.

Vor dem 2. Weltkrieg wohnten noch 32 Katholiken in Dorheim. Durch den Zuzug aus Böh-

Abb. 10: St. Anna, Dorheim, im Sommer 2022

Abb. 11: Anna und Maria mit Kind über dem Portal von St. Anna

men, dem Sudetenland, Ostpreußen u.a. wuchs die Gemeinde um weitere 800 überwiegend katholischen Heimatvertriebene. Die stattliche katholische Gemeinde etablierte sich neu, behelfsmäßig betreut durch die Seelsorge aus dem vier Kilometer entfernten Friedberg. Dem organisatorischen Talent von Pfarrer Friedrich Faßhauer, der der Friedberger Gemeinde seit 1946 vorstand, war zu verdanken, dass zwei Bauprojekte in seiner Gemeinde an erste Stelle traten. Es war der große Bau der Heilig-Geist-Kirche in Friedberg und der Bau einer vor allem zweckdienlichen Kirche in Dorheim, St. Anna.

Der Spatenstich für diese schlichte Saalkirche mit Glockenturm als Eingang erfolgte am 9. August 1953, am 28. November war Grundsteinlegung. Bereits am 26. April 1954 wurde die Kirche feierlich geweiht. Das Mosaikreliefbild der Kirchenpatronin St. Anna über der Eingangstür wurde provisorisch angebracht. Es ist nie fertiggestellt worden. Professor Diel, Offenbach, hatte für das Innere Rosenkranzglasfenster entworfen, die in Friedberg-Fauerbach angefertigt wurden.

Der herausragende Schmuck in der Kirche sind das Kreuz, das Marienbild und die Kreuzwegstationen, Frühwerke der Benediktinerschwester Lioba Munz. Es sind tief empfundene Arbeiten, die mit künstlerischer Kraft Tröstungen für den bereithalten, der in der Suche und Freude an Gott lebt und über den Sinn des Lebens nachdenkt. Lioba Munz formt, wie eingangs beschrieben, den Sieger am Kreuz. Mit geöffneten Augen zeigt er uns seine Wunden. Die Botschaft ist: „Ich habe den Tod überwunden". Schon dem Kind Jesus war der Tod als Erlösungswerk bestimmt. Wir sehen es in inniger formaler Verbindung auf dem Schoß der Mutter mit der Osterfahne. Es segnet die Menschen in einer ikonischen Einladung zur Nachfolge.

Abb. 12a: Entwurf für St. Anna, Dorheim

Abb. 12b: Emaille-Ausführung (Werkstatt Fulda), 1953

Abb. 13: St. Anna, Dorheim, Maria mit dem Kind

KREUZWEG

Wenn der Kreuzweg uns etwas bedeutet und nicht, wie so Vieles im Verhalten zu Gott, zur Gebetsfolklore verflachen soll, nehmen wir ihn als persönliches Anliegen, als einen Teil unserer Wahrheits- und Sinnsuche. Wer die Wahrheit sucht, sucht Gott. Das bedeutet natürlich noch nicht, dass man ihn findet. Ein wesentlicher Anteil der Wahrheit steckt in uns selbst. Was immer man da entdeckt, kann wehtun.

Der Unsichtbare strafende und bedrohliche Gott des Alten Testaments ist in Gestalt seines Sohnes als Heilsbringer und Zeichen der Versöhnung mit der Welt verwandelt worden. Dieser wurde wie ein normales Kind von einer Frau in der Fremde geboren. Sein Ziehvater Josef war Zimmermann. Seine Frau Maria war hochschwanger, als sie zur Volkszählung nach Bethlehem aufbrachen. Bethlehem war überlaufen. Sie fanden kein Bett. Immerhin durften sie den Esel in den Stall stellen. Darum blieben sie dort im Stall. Mit der Geburt begann sein Weg zum Tod am Kreuz. Seinen Anhängern wurde das Kreuz Zeichen der Christen. Es verdeutlicht den leidvollen Weg aller und steht gleichzeitig als Entscheidung zum Heil.

Das Kreuz als Zeichen religiöser Weltsicht ist nicht ursprünglich christlich. Als religiöses und symbolisches Zeichen findet es sich schon um 2000 v. Chr. auf jungsteinzeitlichen Tontrommeln. In Assyrien ist es seit dem 1. Jahrtausend v. Chr. Sinnbild der Sonne und in Ägypten als Symbol des ewigen Lebens bekannt. Für den Christen wurde es Inbegriff des Todes und Symbol ewigen Lebens. Die bildliche Darstellung des gekreuzigten Christus ist das Zeichen seines Versprechens auf das Weiterleben nach dem Tod. Dies verdeutlicht in besonderer Weise die Betrachtung der Kreuzesdarstellungen von Lioba Munz.

In der durch den Vesuv zerstörten antiken Stadt Herculaneum fanden Archäologen 1938 in einem Wohnhaus das wohl älteste Wandkreuz. Es wird vor den Vesuvausbruch datiert, der auch Pompeji und andere Orte zerstört hat. Das Datum kennen wir aus einem Brief des römischen Schriftstellers Plinius dem Jüngeren (61/62–113/115), der den Vesuvausbruch am 24. August 79 erwähnt. Im heidnischen Umraum und in der Situation der verfolgten Märtyrerkirche hielten sich die Christen mit öffentlich gezeigten Symbolen zurück. In Syrien kennt man dagegen früh in Privat- und Kulträumen Holzkreuze, die an der Ostwand angebracht sind. Diesem Holzkreuz wendete man sich beim Beten zu und erwartete, mit der aufgehenden Sonne, die Wiederkehr des auferstandenen Christus (Mt. 24, 30).

Aus dem Gebetsritual scheint sich in den frühchristlichen Basiliken der Kreuzesschmuck in den Apsiden entwickelt zu haben. Ein ältestes Beispiel, bald nach 400, zeigt die Basilika Santa Pudenziana. Sie ist eine der ältesten Kirchen in Rom. Der schlichte Bau mit dem vielgeschossigen freistehenden Kampanile wurde, wie Inschriften belegen, von Papst Damasus I. (366–384) gegründet – wie man auf den Schrankenplatten des Presbyteriums lesen kann – und von Papst Siricius (384–399) reich ausgestattet.

Abb. 14: Altarkreuz, Heilig-Geist-Kirche, Friedberg, 1960

1. JESUS WIRD ZUM TODE VERURTEILT

Von Rom ausgehend hat sich der Gebrauch des Altarkreuzes entwickelt und wurde im Abendland seit etwa 1200 vorgeschrieben, immer und vor allem als Hoffnungszeichen. Der Kreuzweg mit seinen schauervollen, herzergreifenden Darstellungen kam viel später.

„Es war am Rüsttag (Vorbereitungstag) des Paschafestes, ungefähr um die sechste Stunde. Pilatus sagte zu den Juden: Das ist euer König! Sie aber schrien: Weg mit ihm, kreuzige ihn! Pilatus sagte zu ihnen: Euren König soll ich kreuzigen? Die Hohepriester antworteten: Wir haben keinen König außer dem Kaiser. Da lieferte er ihnen Jesus aus, dass er gekreuzigt würde." (Joh. 19, 14–16a)

Pilatus hatte ihn gefragt: „Also bist du doch ein König? Jesus antwortete. Du sagst es, ich bin ein König. Ich bin dazu geboren und dazu in die Welt gekommen, dass ich für die Wahrheit Zeugnis ablege." (Joh. 18, 37)

Hohepriester gab es in der ägyptischen, sumerischen und babylonischen Religion. Im Judentum war das Amt erblich. Überall hatten sie die zentrale Funktion als oberste religiöse Aufsicht, durften Weisung geben: In der katholischen Kirche vergleichbar dem Präfekten der Kongregation für die Glaubenslehre.

Immer gibt es jemanden, der glaubt, über uns oder über andere richten zu dürfen oder gar zu sollen. Wenn wir selbst nicht Macht haben, abzuurteilen und die Strafe durchzusetzen, schreien wir oftmals, diffamieren, zeigen an, bis das Unrecht, von dem wir glauben, dass es geschehen ist, verfolgt und bestraft wird. Das hat innerhalb eines einvernehmlichen Rechtssystems eine gewisse Berechtigung. Wir kennen aus der Geschichte des Nationalsozialismus und anderer überwundener Staatssysteme, auch aktueller Unrechtsstaaten, dass innerhalb von Rechtssystemen vielen Menschen Unrecht geschehen ist. Unsere jüdischen Geschwister hatten im Nationalsozialismus nicht einmal ein Rechtssystem, das sie hätte schützen können oder auf das sie sich hätten berufen können.

In eindringlichen Formen, mit linearen Strukturen, klaren Farbflächen, Verkürzungen, Überschneidungen und dem freien Umgang mit der Motivwelt zeigt die Künstlerin Lioba Munz Christus vor Pilatus. Der Präfekt von Judäa und Samaria sitzt auf dem durch ein Podest erhöhten Richterthron vor einem Arkadenbogen. Es ist ein mit Steinplatten herausgehobener Platz innerhalb des Herodes-Palastes. Im Dunkel links hinter ihm halten zwei Diener eine Schale und einen Wasserkrug, mit deren Hilfe er später demonstrativ seine Hände „in Unschuld" waschen wird. Von der Rechtslage her sieht er keinen Grund für die Verurteilung von Jesus. Er gibt allerdings den Interessenvertretern des Hohen Rates der Juden nach, die den Tod fordern, weil Christus ihre Autorität untergräbt, auch, weil er sich König der Juden genannt hat. Pilatus sitzt in weißem Gewand mit dem Herrschaftssymbol des purpurroten Umhangs. Mit seiner geöffneten Hand in der Bildmitte vor dem Arkadenpfeiler und dem staunenden offenen Blick auf Christus zeigt er Wohlwollen, lädt ihn ein, sich zu verteidigen. Dieser steht rechts unter dem Arkadenbogen in dem violetten Gewand seiner Passion, die Hände übereinandergelegt. Aus dem

Abb. 15: Station 1, Jesus wird zum Tode verurteilt

Dunkel tritt er als Erscheinung nach vorne. Mit der Gloriole um sein Haupt wirkt er schon jetzt wie der Überwinder des Todes.

Später wird Pilatus eine Inschrift für das Kreuz verfassen lassen (siehe Abb. 25/27), in den geläufigen Sprachen seiner Zeit lateinisch, hebräisch und griechisch, dass es sich bei dem Verurteilten um Jesus von Nazareth, den König der Juden handelt: I.N.R.I. (Iesus Nazarenus Rex Iudaeorum). Das Anbringen des Schildes mit dem Hinweis, dass er König ist, war ein gezielter Affront, eine Beleidigung für Kajaphas und den Hohen-Rat.

2. JESUS NIMMT DAS KREUZ AUF SEINE SCHULTERN

Nach Geißelung und Dornenkrönung, dem Urteilsspruch und der Verspottung geht Jesus weiter seinen Weg in die Passion. Er ist gekommen, den Willen seines Vaters zu tun. Nach den angstvollen und einsamen Gebeten im Garten Getsemani, einem Hauptschauplatz der Passionsgeschichte am Westhang des Ölbergs, wo er bat, dass dieser Kelch an ihm vorbeigehen möge, wirkt er gefasst. Wesentlich für die Beurteilung der Kraft von Christus ist seine Liebe. Was vermögen wir alles aus der Liebe. Für Christus war Gott der Vater, der Inbegriff der Liebe, das Über-Ich, innerer Friede und Freiheit. Diese Liebe löste ihn aus den Umständen, den Bedingungen seiner Zeit, sogar aus der Zeit.

Die Umstände durfte er nicht mehr ändern. Der bittere Kelch kam. Am Ölberg hätte er ihn noch verweigern können. Er sprach aber den Satz: „Nicht mein Wille, sondern Dein Wille geschehe." (Lk. 22, 42) Die innere Kraft Christi ist seine Akzeptanz des Unausweichlichen, das Ja bis in den Tod. Ja zu sagen ist auch für uns nötig. Auch für uns ist der Tod, früher oder später, unausweichlich. Der Weg durch dieses Tor ist mit Alterung, Schmerzen, Krankheit oder Krieg, Not und Pandemien verbunden. Falsche Träume schaffen doppeltes Leid. Es ist eine Frage des Charakters und der Haltung, das Glück für die anderen zu schaffen, die Welt zu verbessern und dazu das eigene Leiden, wenn es unausweichlich ist, anzunehmen.

Lioba Munz verdeutlicht das schicksalhaft Endgültige der Verurteilung zum Tod durch drei Assistenzfiguren an der unteren linken Seite. Sie halten ihre Hände wie zur Abwehr, deutliche Signale, dass sie mit dem Verurteilten nichts zu tun haben wollen. Dass er sie anschaut, ist ihnen peinlich. Sie können und sie wollen ihm nicht helfen. Sie sind feige. Christus steht dagegen wie ein Sieger.

Ähnlich ist es bei Krankheiten, einer milderen Prüfung. Auch dann ziehen sich manche zurück, weil sie mit dem Leid des anderen nicht umgehen können. Echte Empathie, die Bereitschaft und Fähigkeit, sich in andere zu versetzen, sich in ihr Schicksal einzufühlen, ist der christliche Auftrag. Neben der Liebe zu Gott sieht Christus in der Liebe zum Nächsten das höchste Gebot.

Wir wissen, dass Pilatus ihn geißeln ließ, aber nicht als Teil der Todesstrafe, sondern, um ihn danach freizulassen. Zwar verspotteten ihn die römischen Soldaten, die, wie alle Soldaten weltweit, die besetzten Völkerschaften verachteten. Sie setzten ihm eine Dornenkrone auf und legten ihm „dem König", einen purpurroten Mantel als Herrschaftssymbol um. So stellte Pilatus Jesus vor das Volk mit den berührenden Worten „ecce homo – sehet den Menschen". Den Juden war nicht gestattet, jemanden hinzurichten. (Joh. 18, 31)

Wahrscheinlich war der Amtssitz von Pontius Pilatus, dem Prokurator, der ehemalige Palast des Herodes. In dieses Prätorium hatte der Hohe Rat, vor allem der Hohepriester Kajaphas viel Volk beordert, denn nur dieser Römer hatte das Recht über Leben und Tod zu entscheiden. Darum schrien sie, Pilatus sei kein Freund des Kaisers, wenn er Jesus freigebe. Dies bewog Pilatus, sich wieder auf den Richterstuhl zu setzen und Jesus zum Tode zu verurteilen. Die drei Personen an der linken Bildseite waren vielleicht bei denen, die seinen Tod laut schreiend forderten.

Abb. 16: Station 2, Jesus nimmt das Kreuz auf seine Schultern

3. JESUS FÄLLT ZUM ERSTEN MAL UNTER DEM KREUZ

„Er trug sein Kreuz und ging hinaus zur sogenannten Schädelhöhe, die auf Hebräisch Golgota heißt. Dort kreuzigten sie ihn und zwei andere, auf jeder Seite einen, in der Mitte Jesus." (Joh. 19, 16–31).

Aus diesem Kontext breitet die Künstlerin die ganze Erniedrigung aus, die Christus durch Geißelung, Verspottung und Kreuztragung erleiden musste, parallel zum Lebensschicksal so Vieler von uns.

Man stolpert und fällt, weil man nicht achtsam war, fällt herein auf eine Phrase, auf die Werbung. Christus fällt unter der Last des Kreuzes. Sein Fallen ist von außen erzwungen, ein Teil der Erniedrigungsstrategie für Verbrecher, die unter dem Spott der Öffentlichkeit zur Hinrichtung geführt werden. Auch in diesem Fallen ist der Sohn einverstanden mit dem Willen des Vaters. Er lebt den Willen des Vaters.

Er hat kein falsches Bild von sich. Er weiß um die Würde seiner göttlichen Herkunft. In unserer Belustigungsgesellschaft ist das nicht zu verstehen. Wir wollen so sein, wie sie alle sind: jung, dynamisch, erfolgreich, begehrenswert. Unsere Konsumgesellschaft ist allergisch gegen das Leiden. Es gibt keine Werbung für das Leiden, nur dagegen. Der Konsum geht meist zurück auf Etikettenschwindel. Realität täte uns gut. Alles andere ist kindisch. Wir sind nicht in der Lage, die Probleme auf der Erde zu lösen. „ICH will haben", ist die Aussage. Keiner fragt, „was willst DU". Bis zur digitalen Partnersuche sind wir fixiert durch falsche Ideale, was zu Trennungen führt. Karrieren, Spekulationen, Träume von Macht und Geld lassen uns tief stürzen. Wir fallen durch Verrat, Charakterlosigkeit, Hass und stürzen über die eigene Gier. Die Zerstörung der Seelen in der rein kapitalorientierten Welt ist so eklatant wie die Zerstörung der Erde.

Christus fiel, weil er den Weg des Vaters akzeptierte, weil er liebend gehorchte in dem Wissen, dass er in diesem Fallen von Gottes Liebe gehalten ist. Er bewältigte diesen Sturz mit friedlichem und starkem Herzen. Ermattet vom Prozess und der Folter fällt er erschöpft zum ersten Mal unter dem Gewicht des Kreuzes. Er trotzt den äußeren Umständen weiterhin, weil er innerlich frei ist. Er steht auf. Darum benötigen wir Nähe untereinander und die Nähe zu ihm, weil er uns liebevoll trägt.

Das Fallen unter dem Kreuz gehört zu den Ausschmückungen der innigen Andachten des Kreuzweges, die die Gläubigen im Eifer der Hinwendung zum Leiden von Christus als Schreckensbilder ersonnen haben. Dieses Fallen ist in keinem der Evangelien erwähnt. Es ist Spekulation, Andachtsanimation. Darin kommt der Erlöser den eigenen Notlagen, der eigenen Erniedrigung, dem Ausgebrannt-Sein, der Verzweiflung nahe. Die Künstlerin hat ein Bild geschaffen, in dem sich viele Gläubige wiedererkennen.

Der Soldat, Vertreter der Staatsmacht mit dem purpurroten Umhang wie ihn auch Pilatus trug, weiß nicht so recht, was er mit dem Zusammengebrochenen machen soll. Ob er mit der Geißel zuschlagen soll, wie auf ein zusammengebrochenes Vieh? Er ist sich nicht schlüssig, blickt fragend nach oben, hofft auf Anwei-

Abb. 17: Station 3, Jesus fällt zum ersten Mal unter dem Kreuz

sung. Warten wir nicht alle auf Anweisungen und sind wir nicht alle Vollstrecker solcher Anweisungen: Kauf, friss, schlag tot! Das konforme Verhalten ist eine Form des Verrats, des Wegschauens. Rohe Gewalt und Erniedrigung prallen aufeinander, eine Alltagssituation.

4. JESUS BEGEGNET SEINER MUTTER

Er hat seiner Mutter viel zugemutet, das süße Kind in der Krippe in Bethlehem, das wir zu Weihnachten feiern. Abweisend war er zu ihr bei der Hochzeit zu Kanaan, wo sie ihn bat zu helfen, als der Wein ausgegangen war. Abweisend war er, als seine Geschwister sie zu ihm brachten, damit er, ihr Sohn, sich nach dem Tod von Josef, um sie kümmern möge.

Matthäus, der Steuereintreiber von Kafarnaum (Mt. 9, 9) schreibt von den wahren Verwandten in seinem Evangelium, 80 nach Christi Geburt verfasst: „Als Jesus mit den Leuten redete, standen seine Mutter und seine Brüder vor dem Haus und wollten mit ihm sprechen. Da sagte jemand zu ihm: Deine Mutter und Brüder stehen draußen und wollen mit dir sprechen. Dem, der ihm das gesagt hatte, erwiderte er: Wer ist meine Mutter und wer sind meine Brüder? Und er streckte die Hand über seine Jünger aus und sagte: Das hier sind meine Mutter und meine Brüder. Denn wer den Willen meines himmlischen Vaters erfüllt, der ist für mich Bruder und Schwester und Mutter." (Mt. 12, 46–50)

Mütter und ihre Söhne sind ein besonderes Kapitel der Psychologie. Die Bindung bleibt über alle Abnabelungsversuche eng. Lioba Munz verdeutlicht die enge Verbindung durch einen rotfarbigen, welligen, breiten Hintergrundstreifen, der beide Figuren als Gruppe fasst und hinterlegt. Durch den Blick und die enge Figurenkomposition, die segnende Hand von Christus und die geöffnete Hand der Maria verschweißt sie die Figuren zu einer Einheit. Die geöffnete Hand der Maria erinnert an die Verkündigungsszene. „Siehe, ich bin die Magd des Herrn; mir geschehe, wie du es gesagt hast." (Lk. 1, 26–38) Jetzt hält sie dem Sohn ihr Leben hin. Je näher sie ihm kam und verstand, desto weiter wurde ihr Herz für ihn. In der hier geschilderten Form gab es die Begegnung nicht. Auch sie ist eine apokryphe Ausschmückung. Im Sterben am Kreuz, denkt Christus an seine Mutter und gibt sie liebevoll in die Obhut des Johannes.

Seine Mutter ist voller Angst. Da geht ihr Sohn in den Tod, der sie im Alter hätte versorgen sollen. Sie hatte keine Renten- oder Sterbekasse. Er war ihre Hoffnung und ihre Zuversicht, die durch den Kreuzestod zunichte gemacht werden. Aber wie er sie aus dem Gesicht mit kraftvollem Blick ansieht, verwandelt sich ihre Angst in Stärke. Sie fühlt, dass Christus ihr und uns allen in seinem Leiden etwas schenkt, was sich in Liebe verwandelt. Nichts konnte ihn trennen von der Liebe Gottes und der Liebe zu den Menschen, nicht die Folter, nicht das Kreuz, das er grade trägt, nicht der Tod. Sie fühlt, dass sie beten wird: Ich vergebe euch, bete für euch um Gottes Liebe und Verzeihung. Krisenzeiten offenbaren das Herz. Maria wird die Fürsprecherin für uns alle.

Abb. 18: Station 4, Jesus begegnet seiner Mutter

5. SIMON VON ZYRENE HILFT JESUS DAS KREUZ TRAGEN

„Als sie Jesus hinausführten, ergriffen sie einen Mann aus Zyrene namens Simon, der gerade vom Feld kam. Ihm luden sie das Kreuz auf, damit er es hinter Jesus hertrage". (Lk. 23, 26)

Wir alle kennen solche Situationen, sollen des anderen Last tragen. Der andere aber ist doch selbst an seinem Schicksal schuld. Hätte er den Mund nicht so voll genommen. Ich habe mit dessen Fall nicht das Geringste zu tun. Die Asylanten, Sozialhilfeempfänger, Bettler, Kranken, Notleidenden in der Welt sollen arbeiten, bei sich zuhause Ordnung schaffen. Man kann schließlich nicht allen helfen. Ich habe andere Ziele, bin gerade im Aufschwung, habe Verantwortung für Frau oder Mann, Kinder und dann sowas. Ich werde gezwungen, mich um Andere, um Anderes zu kümmern. Das zieht mich runter, entspricht nicht meiner Interessenslage.

Tatsächlich sind wir aber in der Schöpfung alle voneinander abhängig wie ein großes Organ, ein Partikel in einem Kosmos, der darauf angewiesen ist, dass alle Teile ineinandergreifen und ihre Funktion erfüllen, wenn daraus kein Krebsgeschwür werden soll. Die Last des anderen Menschen tragen, bedeutet, die Welt vom Schmerz und der gefährlichen Krankheit des Egoismus zu befreien.

Wir müssen begreifen, dass wir alle Geschwister sind und allem Geschaffenen verwandt. Das macht unsere Verantwortung für die Menschheit, die Natur insgesamt und die Schöpfung aus. Wir sind nur ein Aerosolpartikel in der Atmung Gottes. Wehe, wenn wir von dem gefährlichen Virus des Ichbezugs oder gar des Hasses befallen sind.

Nur aus der liebevollen Bereitschaft, für andere bereit zu sein, ist die Menschengemeinschaft zu entwickeln und nach vorne zu bringen. Nur so können wir das ökonomische, das ökologische und das menschliche Desaster, das uns bevorsteht, vielleicht überwinden. Abgrenzungen führen in den Untergang und widersprechen dem christlichen Liebesgebot.

In der Darstellung der Künstlerin ist Simon von Zyrene ein alter Mann mit ergrautem Bart und Haupthaar, der den Kreuzesstamm nicht einfach mit seinen Händen angreift, sondern mit dem Tuch seines goldfarbenen Umhangs. Fast kniend und flehentlich schaut er auf Christus. Er wirkt nicht so, als sei er zu dieser Hilfeleistung gezwungen worden, sondern, als läge es in seinem gläubigen Selbstverständnis, dass er Anteil an dem Kreuz hat. Er bejaht, in diese Verpflichtung gestellt zu sein. Er hat die Gottheit Christi erkannt und beugt sich demütig, bittet um die Aufgabe das Kreuz tragen zu dürfen. Christus segnet den Simon in einer Diagonale innigsten Einvernehmens, als König des Mitleides, der tätigen christlichen Nächstenliebe. Die Diagonale ist der Strom an Kraft und Energie, der vom Kreuzesstamm oben links, bis in den Fuß des Simon unten rechts fließt. Parallel zum Kreuzesstamm sind die beiden Köpfe oberhalb komponiert, dazwischen die segnende Hand, der innige Blickkontakt als das Band der wirkenden Liebe, der Caritas.

Abb. 19: Station 5, Simon von Zyrene hilft Jesus das Kreuz tragen

Der Künstlerin gelingt in dieser Darstellung der Aufruf – ungeachtet der eigenen Sorgen und Kümmernisse – als vornehmsten Auftrag die Nächstenliebe zu verwirklichen. Sie ist ein Akt der Freiwilligkeit, durch nichts und von niemandem erzwungen.

6. VERONIKA REICHT JESUS DAS SCHWEISSTUCH

Auch diese Szene ist eine apokryphe Ausschmückung der vier Evangelien und wird von keinem der Evangelisten erwähnt. Aber gerade diese, vielfach als junge Frau mit hübschem Gesicht dargestellte Veronika, die uns angeblich das wahre Gesicht des Schmerzensmannes erhalten hat, hat in der mittelalterlichen Malerei große Aufmerksamkeit erzielt. Ein „Groupie des Herrn", geeignet für die bunten Blätter, für die Altäre, die die Geschichte des Leidens volksnah erzählen. Es ist in den Kreuzwegstationen eine Pause, ein schönes Lamento, wie in der Musik von schmerzlich leidenschaftlichem Charakter. Für den Kreuzweg ist sie eine Atempause. Hier bewährt sich in besonderer Weise das sachlich konzentrierte Wesen der Kunst von Lioba Munz. Das Faktische gibt der Künstlerin Recht. Sie stellt keine junge Frau dar, eher eine in den mittleren Jahren.

In den Evangelien wird bei Mk. 5, 25 und Mt. 9, 20 über eine blutflüssige Frau berichtet, die schon 12 Jahre an Blutungen litt und das Gewand von Jesu, dem gefeierten „Heiler" heimlich von hinten berührte. „Sofort hörte die Blutung auf, und sie spürte deutlich, dass sie von ihrem Leiden geheilt war." (Mk. 5, 29)

In den sogenannten Acta Pilati, auch Nikodemus-Evangelium genannt, trägt diese Frau den Namen Berenike. Dessen lateinische Übertragung macht aus der Berenike eine Veronika. Die Deutung des Namens wird in der späteren westlichen Darstellung als eine Zusammensetzung aus dem lateinischen vera = wahr und dem griechischen icon = Bild umgedeutet zum „wahren Bild" Christi. Solche Ausschmückungen gehören zur frommen Folklore. Das sogenannte Nikodemus-Evangelium ist zwar dem Kanon der biblischen Schriften der vier Evangelien ähnlich, wird aber um 320 n. Chr. datiert. Es hatte besonders für die mittelalterliche Ausschmückungsfreude in Schnitzkunst und Malerei des 15. bis 16. Jahrhunderts große Wirkung.

Die Angleichung zwischen Veronikas Gesicht und dem Gesicht von Christus in Augen und Nase, die parallele Neigung der Kopfhaltung verdeutlicht, was die Künstlerin mit dieser Darstellung aussagt. Die Nachfolge Christi im Schmerz und im Leiden, die geschwisterliche Verbindung im göttlichen Kosmos ist das Ziel. In diesem Kosmos lebt Veronika als starke Persönlichkeit. Das Einswerden mit dem Bild des Leidens ist der Weg in die Überwindung, den Sieg, die Auferstehung und in die Versöhnung mit Gott. Diese Arbeit mit ihren zarten Farben ist erfüllt von Kraftschwingungen und einer Gloriole, einem weitgebogenen Nimbus mit Geistzungen, die der Versenkung und Konzentration der Heiligen in das Bildnis des Christus ihre besondere Position geben. Deutlich wird die Sehnsucht, sich aus der Welt des Irdischen zurückzuziehen und in die Gemeinschaft mit Christus einzutreten, mit Christus zu harmonieren.

In besonderer Weise treffen in dieser Arbeit das Wollen der Künstlerin und ihrer Lebensentscheidung zusammen. Der Weg der Vereinigung mit Christus ist der einer Nonne. Für die Musikerin verwirklicht sich die Erkenntnis: Alle Künste haben das Bestreben, Musik zu werden, sprachlos in der Harmonie Gottes aufzugehen.

Abb. 20: Station 6, Veronika reicht Jesus das Schweißtuch

7. JESUS FÄLLT ZUM ZWEITEN MAL UNTER DEM KREUZ

Problematisch an den Darstellungen vom unter dem Kreuz zusammenbrechenden Christus ist, dass weder Matthäus, Markus, noch Lukas Christus das Kreuz tragen lassen. Zudem lässt keiner von diesen und auch nicht Johannes, der ihn als Kreuzträger beschreibt, Christus unter dem Kreuz zusammenbrechen. Bei Matthäus steht: „Auf dem Weg trafen sie einen Mann aus Zyrene namens Simon; ihn zwangen sie, Jesus das Kreuz zu tragen." (Mt. 27, 31b-44)

Markus lässt Simon gerade vom Feld kommen: „Simon von Zyrene, den Vater des Alexander und des Rufus, zwangen sie, sein Kreuz zu tragen." (Mk. 15, 20b-32) Die Söhne werden erwähnt, weil es sich um die Mitglieder der späteren Gemeinde in Rom handelt. (Röm. 16, 13)

Lukas ist am eindringlichsten in seiner Schilderung: „Als sie Jesus hinausführten, ergriffen sie einen Mann aus Zyrene namens Simon, der grade vom Feld kam. Ihm luden sie das Kreuz auf, damit er es hinter Jesus hertrage." (Lk. 23, 26-43)

In der christlichen Volksfrömmigkeit kommt es zur Dramatisierung, indem der Heros das Kreuz trägt. Ebenso zu einer Überbetonung des Kreuzes als Herrgottswinkel in den Essecken, als Hauskreuz, Grabkreuz, Wegkreuz. Selbst an Ställen ist es angebracht. Als Schmuck sieht man es an Frauen- und Männerhälsen, Fußgelenken und Bauchnabeln. Als Tattoo ist es überall beliebt.

Dem ungläubigen Thomas reichte es durchaus, die allgemein bekannten Wundmale des Auferstandenen zu sehen und zu befühlen. Jesus sagte zu ihm: „Weil du mich gesehen hast, glaubst du. Selig sind die, die nicht sehen und doch glauben." (Joh. 20, 19-29) Auf diesen Abschnitt der Bibel, geht der Begriff „ungläubiger Thomas" zurück. Die Ausschmückungen mit dem gestürzten Christus sind eine Verselbstständigung über die Evangelien hinaus. Man könnte das den „Julia-Balkon-Effekt" nennen. Der englischer Schriftsteller William Shakespeare (1564-1616) beschreibt 1597 eine Liebesszene in einer Stadt, die er nie gesehen hat, ein Ereignis seiner Phantasie. Aus aller Welt wandern heute Touristen zu dem Balkon in Verona, von dem aus Julia ihren Romeo angeblich verabschiedete, den es nie gab. So gab es auch diesen Zusammenbruch unter dem Kreuz nicht.

Bei aller anerkennenswerten Versenkung in den Schmerz und das Leiden des Jesus von Nazareth sollte man nicht vergessen, dass die Botschaft die „Frohe Botschaft" genannt wird. Sie will uns ermutigen, Kraft geben, Hoffnung wecken. Wir dürfen trotz aller Bedrohungen heiter in der Welt durch dieses Leben gehen. Sehr häufig ist das Leben eine Anhäufung von Verstrickungen, Verletzungen und Gemeinheiten, die man sich und uns antut, die wir den anderen antuen. Man spürt den riesigen seelischen Bankrott. Da gibt es Übervorsichtige, die aus Angst nichts wagen. In den Konventionen, Gesetzen, Vorschriften, Anpassungen verlieren wir die Glücksmöglichkeiten aus dem Auge, die Liebe. Christus will das Leben, Mut, Glück, Bekenntnis. Er ist die Liebe. Christus hat allen Autoritäten seiner Zeit widersprochen. Aufstehen, Weitergehen, bis zur Auferstehung! Jetzt

Abb. 21: Station 7, Jesus fällt zum zweiten Mal unter dem Kreuz

schlägt der Scherge, die Staatsmacht zu. Er zeigt mit der Hand auf den Zusammengebrochenen. Die Geißel hat er erhoben, links in der freien Fläche. Der Peitschenhieb wird treffen. Dann geht Jesus weiter. Denn er ist gekommen zur Rettung aller Menschen.

8. JESUS BEGEGNET DEN WEINENDEN FRAUEN

Es folgte eine große Menschenmenge, darunter Frauen, die um ihn klagten und weinten. Jesus wandte sich zu ihnen um und sagte. „Ihr Frauen von Jerusalem, weint nicht über mich, weint über euch und eure Kinder! Denn es kommen Tage, da wird man sagen: Wohl den Frauen die unfruchtbar sind, die nicht geboren und nicht gestillt haben." (Lk. 23, 27–29)

Am oberen linken Bildrand und am unteren Rand des Bildes von links nach rechts sieht man die Stadtmauern von Jerusalem mit großen grün schimmernden Farbflächen in Quader gefügt. Obere und untere Mauerenden zeigen je einen Turm an der linken Seite. Christus steht groß in der rechten Hälfte dieser Arena und segnet die Gruppe der Frauen, denen er so Niederschmetterndes sagt.

Die Turmdarstellungen mit Stadtmauer sind zum einen ein Bezug auf die von Christus vorausgesagte Zerstörung des alten Jerusalem. Matthäus berichtet: „Als Jesus den Tempel verlassen hatte, wandten sich seine Jünger an ihn und wiesen auf die gewaltigen Bauten des Tempels hin. Er sagte zu ihnen: Seht ihr das alles? Amen, das sage ich euch: Kein Stein wird hier auf dem anderen bleiben, alles wird niedergerissen werden". (Mt. 24, 1–2; vergl. auch Mk. 13, 1f; Lk. 21, 5f)

Zum anderen ist die Form der Darstellung ein Hinweis auf die Offenbarung des Johannes, Kapitel 21, wonach am Ende der Apokalypse eine neue Stadt, ein neues Jerusalem entsteht und leuchtend vom Himmel kommt. Christus ist der Verkünder des Neuen. Er bezweifelt die alten Herrschaftsstrukturen. Darum ist es sinnvoll, dass im Bild der Apokalypse der alte Himmel und die alte Erde vergangen sein müssen. Den letzten Kampf zwischen Gut und Böse wird Gott gewinnen und eine neue Erde und ein neues Jerusalem bauen. Diese neue Stadt hat zwölf Tore. In der Mitte steht das Lamm Gottes, Christus. In der Offenbarung wird die Stadt detailliert beschrieben. (Offb. 21, 11–27) Diese Beschreibung führte zu den großen Jerusalemleuchtern in den romanischen Kirchen und Domen. Das Lamm Gottes, das Opfer steht in der Mitte eines Stadtringes. Christus bringt das neue Jerusalem; Synonym für das Paradies.

Der große jüdische Krieg gegen die Römer begann im Jahre 66 n. Chr. in Judäa, ausgelöst durch staatliche und religiöse Unterdrückung. Er wurde im Jahre 70 mit der Eroberung Jerusalems und der Zerstörung des Jerusalemer Tempels entschieden. Endgültig konnte der Krieg erst im Jahre 73/74 mit dem Fall der Palastfestung des Herodes Masada auf dem Gipfelplateau am Rande der Judäischen Wüste hoch über dem Toten Meer beendet werden. Ein Angehöriger des Jerusalemer Priesteradels, jüdischer Militärführer in Galiläa, Flavius Josephus (37/38 – um 100), beschreibt den Krieg. Er war selbst in das Geschehen involviert und gilt als wichtigste Quelle.

Christus hat sich nie als politischer Führer einvernehmen lassen. Immer betont er, dass sein Königreich nicht von dieser Erde ist. Er will das Reich des Lichts, der Liebe. Dies verträgt sich nie mit Krieg und Zerstörung. Er segnet die, die unter Krieg, Hass sowie Unterdrückung leiden werden. Die Schwächeren in der Gesellschaft sind

Abb. 22: Station 8, Jesus begegnet den weinenden Frauen

die Frauen. Sie stehen hier als schutzwürdige Gruppe – wie verschreckt – beieinander, gefesselt in den sozialen Strukturen ihrer Zeit. Für sie ist Christus in besonderer Weise ein Hoffnungsträger, weil er die Frau außerhalb ihrer Geschlechtsrolle als Geschwister sieht.

9. JESUS FÄLLT ZUM DRITTEN MAL UNTER DEM KREUZ

Im Unterschied zu den zwei Darstellungen, in denen Jesus unter der Last des Kreuzes fällt, hat die dritte Station, in der Christus unter dem Kreuz zusammenbricht eine veränderte Assistenzfigur. Sie hat keine Geißel mehr in der Hand, mit der sie auf den Verurteilten einschlagen könnte. Es scheint der immer gleiche Scherge zu sein. Noch immer trägt er den roten Umhang als Symbol der Macht. Er hat in den drei Stationen aber eine gewaltige Wandlung durchlaufen. Während er in der mittleren Szene links ausholt, um auf den Niedergestürzten einzuschlagen, weist seine Hand mit dem Zeigefinger auf das Opfer. Sein roter Umhang flattert dekorativ zum oberen Bildrand im S-Schwung.

In der ersten Szene hat er noch innegehalten, auf etwas oder Jemand zu lauschen, auf einen Befehl, der ihn entschuldigen könnte. Sein Blick geht nach oben ins Leere. Der rote Umhang schwingt links nach. In der zweiten Szene füllt der Schlagarm das Bildfeld dynamisch. Die Geißel mit den Lederriemen am Schlagstock wird treffen. Sein Blick zielt auf die Umstehenden, die wir nicht sehen, als suchte er von ihnen Rechtfertigung.

Die dritte Szene zeigt einen veränderten Schergen. Er wendet sich nach links. Dieser äußeren Umkehr scheint eine innere Umkehr zu entsprechen. Er hat das Folterinstrument nicht mehr in den Händen. Sein roter Umhang berührt das Kreuz und er legt seine Hand links auf den Querbalken des Kreuzes, als wollte er sich mit dem Schicksal des Verurteilten verbinden. Der Ruf, den er in der ersten Szene erwartet hat, scheint eindeutig an ihn ergangen zu sein, ganz anders als erwartet.

Sein Blick ist zum Himmel gerichtet. Die Wandlung vom Schlagdrauf zum Menschen voll Mitleid und Erkenntnis ist durch die Künstlerin deutlich gemacht. Sie schildert das, was man in der griechischen Tragödie die Katharsis nennt, die Wandlung und Läuterung durch Miterleben und Einsicht. Lioba Munz gibt den Kreuzwegstationen durch geringfügige, aber wesentliche Veränderungen ihren spirituellen Kern. Sie fordert in den drei Szenen auf, zu erkennen, sich zu verwandeln durch das Eingehen auf diesen leidenden Menschen unter dem Kreuz. Es scheint, als sei das Gewand des Soldaten jetzt weißer als in den Szenen vorher.

Es kommt bei der religiösen Betrachtung, bei der Meditation, nicht darauf an, wie oft Jesus unter dem Kreuz zusammengebrochen ist, ob er das Kreuz überhaupt getragen hat. Er wurde gegeißelt, verspottet, verraten und zur Kreuzigung übergeben. Er, der nur Gutes für seine Mitmenschen, für die Welt bringen wollte, der voller Liebe war, verdient unsere Nachdenklichkeit, unser Engagement, unser liebevolles Bekenntnis.

Der Scherge könnte auch Pontius Pilatus selbst sein, der die Verurteilung innerlich abgelehnt hat. Er hatte erkannt, dass die Priesterschaft und die Nomenklatura Israels den Tod eines anderen Menschen, in diesem Fall von Christus, wollten. In der Menschheitsgeschichte gibt es dieses schon immer und weltweit, dass in vergleichbaren Fällen aus eigennützigen und machterhaltenden Gründen gehandelt wird.

Abb. 23: Station 9, Jesus fällt zum dritten Mal unter dem Kreuz

Auch in diesem Fall ging es nur um Macht. Niemand darf sagen, ich bin, wir sind das Gesetz ohne verbindliche Antworten zum Wohle der Allgemeinheit. Die aber hat nur Christus.

10. JESUS WIRD SEINER KLEIDER BERAUBT

Die Kreuzigung ist eine Todesstrafe, die aus Persien stammt und bei den Juden unüblich war. Nach römischem Recht war sie besonders entehrend und wurde nur bei Schwerverbrechern eingesetzt, etwa bei Hochverrat. Der Verurteilte musste nach römischem Recht selbst das Kreuz zur Richtstätte tragen. Auf dem Weg dorthin oder an der Richtstätte wurde er nackt ausgepeitscht, anschließend an dem Querholz mit den Handgelenken angenagelt, da die Hände ausreißen konnten. Anschließend zog man das Querholz am senkrecht eingerammten Pfahl hoch und befestigte es oben. Ein Holzklotz als Gesäßquerbalken, etwa in der Mitte des Pfahls, das Sedile, stützte den hängenden Körper und verhinderte einen zu raschen Tod. Das Fußbrett in den christlichen Darstellungen ist unhistorisch. An der Spitze des Kreuzes wurde immer eine Tafel mit Namen und Schuld des Verurteilten angebracht.

Das Exekutionskommando bestand in allen Provinzen des Imperium Romanum aus römischen Soldaten, die den Nachlass des Gekreuzigten unter sich aufteilten und als Wache an der Richtstätte blieben. Verzögerte sich der Tod des Verurteilten unerwartet lange, zerschlug man ihm mit eisernen Keulen die Knochen. Der Leichnam blieb bis zur Verwesung hängen oder wurde Beute von wilden Tieren. Als Gnadenbeweis konnte der zuständige Magistrat die Leiche zur Bestattung freigeben, wenn Verwandte oder Freunde darum baten.

Bei Jesus war die Abfolge anders. Da Pilatus ihn ohne Schuld sah, schon gar nicht der des Hochverrats, ließ er Jesus geißeln, wobei ihn die Soldaten verspotteten. Daraus erklärt sich, dass Jesus so geschwächt war, dass er das Querholz nicht bis Golgatha tragen konnte. Darum wurde er auf seinem Weg zur Richtstätte nicht öffentlich ausgepeitscht und erst an der Richtstätte entkleidet. „Nachdem die Soldaten Jesus ans Kreuz geschlagen hatten, nahmen sie seine Kleider und machten vier Teile daraus, für jeden Soldaten einen. Sie nahmen auch sein Untergewand, das von oben her ganz durchgewebt und ohne Naht war. Sie sagten zueinander: Wir wollen es nicht zerteilen, sondern darum losen, wem es gehören soll. So sollte sich das Schriftwort erfüllen: Sie verteilen meine Kleider unter sich und werfen das Los um mein Gewand." (Joh. 19, 23–24)

Zwei dieser Soldaten sieht man in dem Bild. Einer taucht wie ein wildes Tier aus der unteren linken Ecke der Komposition auf und krallt sich an den Umhang von Christus. Rechts würfelt ein anderer als Ganzfigur sichtbar wie ein Jongleur aus dem Lederbecher drei Würfel von oben nach unten in die offene Hand. In ihrem schändlichen Tun sind sie Gefangene ihres Unwissens, der Ignoranz und der Rolle, die sie im Leben einnehmen. In allen autoritären Systemen finden Menschen die Entschuldigung, dass sie nicht anders konnten. Sie handelten auf Befehl. Selbst diese Assistenzfiguren segnet Christus. Er dominiert die Komposition. Übergroß wirkt er den Soldaten gegenüber als die Majestät der Vergebung. Er ist auch Meister der Vergeblichkeit, denn nicht nur diese, sondern viele leben seit über zweitausend Jahren den alten

Abb. 24: Station 10, Jesus wird seiner Kleider beraubt

Trott ihrer Existenz, ihres Biorhythmus', wie die Tiere weiter. Sie betrügen, schlagen, übervorteilen, töten, immer und immer wieder und pflanzen sich fort. Christus fordert: „Liebt eure Feinde und betet für die, die euch verfolgen." (Mt. 5, 43–48)

11. JESUS WIRD AN DAS KREUZ GENAGELT

„Sie kamen zur Schädelhöhe; dort kreuzigten sie ihn und die Verbrecher, den einen rechts von ihm, den anderen links. Jesus aber betete: Vater vergib ihnen, denn sie wissen nicht was sie tun. Dann warfen sie das Los und verteilten seine Kleider unter sich." (Lk. 23, 33–34) „Einer der Verbrecher, die neben ihm hingen, verhöhnte ihn (...)". Der andere, derjenige, der bereut, sagte: „Uns geschieht recht, wir erhalten den Lohn für unsere Taten. Dieser aber hat nichts Unrechtes getan. Dann sagte er: Jesus denk an mich, wenn du in dein Reich kommst. Dem antwortet Jesus: Amen, ich sage dir: Heute noch wirst du mit mir im Paradies sein." (Lk. 23, 39–43)

Welcher ungeheure Trost spricht aus diesen letzten Worten. Dem Verbrecher, der an Jesus glaubt, wird verziehen. Er hat das Versprechen, noch heute, nach dem Tod, mit ihm im Paradies zu sein. Lioba Munz lässt die Mitgekreuzigten aus und gestaltet die Szene, die bei Johannes den Abschluss bildet: „Da Jesus wusste, dass alles vollbracht war, sagte er, damit sich die Schrift erfüllte: Mich dürstet. Ein Gefäß mit Essig stand da. Sie steckten einen Schwamm mit Essig auf einen Ysopzweig und hielten ihn an seinen Mund. Als Jesus von dem Essig genommen hatte, sprach er: Es ist vollbracht! Und er neigte das Haupt und gab seinen Geist auf." (Joh. 19, 28–30)

Als Essig ist in diesem Sprachgebrauch ein mit Wasser verdünnter saurer Wein zu verstehen, der ein Erfrischungsgetränk war. Der Geist ist Pneuma, im Griechischen bedeutet es Luft, Hauch, Geist und Atem. Es ist die seelische Potenz, die Lebenskraft, die Jesus an seinen Vater zurückgibt und damit den Willen des Vaters erfüllt. Der Himmel verdunkelt sich, wie in der nächsten Station. Die Mondsichel ist zu sehen. Es herrscht Aufregung. Ein Soldat mit rotem Umhang reicht den Schwamm an einem Zweig zu Christus, sein Umhang flattert und links diskutiert eine Gruppe von drei Männern das Geschehen, das bei Johannes nicht weiter besprochen wird. Das Wesentliche ist geschehen, wird von der Künstlerin gestaltet, die letzten Sekunden im Leben des Christus. Bemerkenswert ist die Ferne der agierenden Personen zu dem Gekreuzigten, vergleicht man sie mit der nächsten, der Sterbeszene.

Neben dem Soldaten, der rechts den Schwamm zu Jesus hochhebt, fällt links in einer Dreiergruppe ein weißhaariger Mann unter der Mondsichel auf, der höher zu stehen oder größer zu sein scheint. Möglich, dass die Künstlerin sich auf die Stelle bezieht, die Matthäus, als Jesus seinen Geist aushauchte, beschreibt: „Als der Hauptmann und die Männer, die mit ihm zusammen Jesus bewachten, das Erdbeben bemerkten und sahen, was geschah, erschraken sie sehr und sagten: Wahrhaftig, das war Gottes Sohn." (Mt. 27, 54) Tatsächlich hält einer seiner Begleiter den Hammer in der Hand, mit dem er Jesus angenagelt hat. Bei dem weißhaarigen Älteren könnte es sich um den Hauptmann handeln.

Bemerkenswert ist auch in dieser Darstellung das Vermögen der Künstlerin, unterschiedliche Zeitebenen in dichter Komposition zum eindringlichen Zeichen zusammen zu führen: Das

Abb. 25: Station 11, Jesus wird an das Kreuz genagelt

Annageln, die Darreichung des Schwammes, das Sterben von Jesus und die Bezeugung durch den Hauptmann, dass dieser Gottes Sohn war, bilden ein komplexes vielfältig sprechendes Ganzes, ein Konzentrat durch die formale Dichte.

12. JESUS STIRBT AM KREUZ

„Es war um die sechste Stunde, als eine Finsternis über das ganze Land hereinbrach. Sie dauerte bis zur neunten Stunde. Die Sonne verdunkelte sich. Der Vorhang im Tempel riss mitten entzwei, und Jesus rief laut: Vater, in deine Hände lege ich meinen Geist. Nach diesen Worten hauchte er den Geist aus." (Lk. 23, 44–46) Auch bei Markus wird die Finsternis erwähnt und von Begleiterinnen erzählt. „Von der sechsten bis zur neunten Stunde herrschte eine Finsternis. Auch viele Frauen waren dort und sahen von weitem zu; sie waren Jesus seit der Zeit in Galiläa nachgefolgt und hatten ihm gedient." (Mt. 27, 55)

Links unten neben Maria sieht man die Mondsichel. Neben Johannes rechts die verfinsterte Sonne. Atmosphärisch scheint die Szene dem Irdischen zu entgleiten, zumal man Maria und Johannes als ganze Figuren links und rechts neben dem Kreuz sieht wie schwebend ohne festen Boden, gleich groß wie Christus. Im Gotteslob der katholischen Kirche wird auf Seite 683 als 4. Station die bereits kommentierte Begegnung zwischen Jesus und seiner Mutter besprochen und dabei die Johannesstelle angeführt, die erst jetzt Ihre Berechtigung hat. Jetzt versorgt ihr einziger Sohn seine Mutter, wie es seine Verpflichtung ist. Er überträgt seinem Lieblingsjünger die Aufgabe, sich um seine Mutter zu kümmern.

„Bei dem Kreuz standen seine Mutter und die Schwester seiner Mutter, Maria die Frau des Kleopas und Maria von Magdala. Als Jesus seine Mutter sah und bei ihr den Jünger, den er liebte, sagte er zu seiner Mutter: Frau, siehe dein Sohn! Dann sagte er zu dem Jünger: Siehe deine Mutter! Und von jener Stunde nahm sie der Jünger mit sich." (Joh. 19, 25–27) Damit war die Erbangelegenheit erledigt. Seine Geschwister hatten Maria ihrem Sohn übergeben. Im Gefolge mit den anderen Frauen begleitete sie die letzten entscheidenden Ereignisse im Leben Jesu bis zu seinem Tod. Nachfolgend bleibt sie bei Johannes, erlebte Auferstehung, Himmelfahrt und Pfingsten im Kreis der Apostel und zieht dann mit Johannes bis nach Ephesos an der heutigen türkischen Ägäisküste.

Die innige Verbindung zwischen Jesus, Johannes und Maria wird von der Künstlerin zu einer eigenwilligen Trias im Zeichen des Kreuzes geformt. Zu sehen sind die Köpfe von Maria links und Johannes rechts vor dem Querbalken des Kreuzes. Die Arme von Christus scheinen die Köpfe zusammen zu führen. Sie sind in den Armbeugen des Gekreuzigten geborgen. Das Schild mit der Inschrift ist ausgelassen. Sein Kopf ist umstrahlt von dem warmen Feuer seines Opfertodes. Die Drei bilden über die Farbbänder und die Heiligenscheine eine schicksalhafte Einheit, die lebendig weiterlebt.

Die heutige Wallfahrtsstätte Haus der Mutter Maria, südwestlich von Selcuk, ist die größte interreligiöse Pilgerstätte der Türkei, die von Vertreterinnen und Vertretern aller Religionen gleichermaßen besucht wird. Sie wurde durch die Schriften des Dichters Clemens Brentano (1778–1842) über angebliche Visionen der Anna Katharina Emmerick (1774–1824) entdeckt, die ihm 1821 mitgeteilt wurden. Posthum erschienen sie 1852 in seiner Erzählung „Das Leben der hl. Jungfrau Maria".

Abb. 26: Station 12, Jesus stirbt am Kreuz

13. JESUS WIRD VOM KREUZ ABGENOMMEN UND IN DEN SCHOSS SEINER MUTTER GELEGT

Die Juden baten wegen des Rüsttages, den Gekreuzigten die Beine zu zerschlagen. Das beschleunigte den Tod. Der verschiedentlich erwähnte Rüsttag ist der Tag, an dem man sich auf ein Fest, auf den Feiertag, rüstet. Man traf seine Vorbereitungen, wollte keine Leichen sehen. Deshalb stießen die Soldaten Jesus die Lanze in die Seite und erwartungsgemäß flossen Blut und Wasser aus der Wunde, ein sicheres Zeichen, dass er verstorben war. Darum wurden ihm die Knochen nicht zerschlagen. Johannes berichtet weiter: „Josef von Arimathäa war ein Jünger Jesu, aber aus Furcht vor den Juden nur heimlich. Er bat Pilatus, den Leichnam Jesu abnehmen zu dürfen, und Pilatus erlaubte es. Also kam er und nahm den Leichnam ab." (Joh. 19, 38)

Die Darstellung zeigt in der linken Bildhälfte die Mutter Maria, die den Toten auf ihrem rechten Oberschenkel hält und ihn innig umarmt; völlig verzweifelt. Eine der anderen Marien ist rechts in der Ecke zu sehen. An den Füßen des Leichnams ist sie in dieser Darstellung nur eine Randfigur, ist für den Fortgang der Geschichte unerheblich. Die eigentliche Hauptfigur in dieser Szene ist Johannes. Auf seine Hinwendung an die Mutter, auf seine Bereitschaft, den Auftrag anzunehmen, die Botschaft der Liebe zu verkünden, kommt es an.

Die Künstlerin verdeutlicht in ihrer Tafel diese Bereitschaft durch das Einswerden des Jüngers Johannes mit dem Kreuzesstamm und der Kreuzesinschrift als seinen zukünftigen Auftrag. Johannes ist bereit, die Mutter bis zu ihrem Tod zu versorgen. Er wird die Lehre von Christus getreulich verbreiten und er ist bereit, das Kreuz zu tragen. Gefasst schaut er auf die Szene, selbst eine Säule, über den Querstamm gebeugt. Er kennt und erkennt die Last der Verantwortung, die ihm durch diesen Moment aufgebürdet wurde. Johannes ist der authentischste Zeuge für das Leben und Wirken von Jesus von Nazareth, mit eindringlichster und unmittelbarster Erfahrung. Bis in die Todesstunde war er in unmittelbarer Nähe von Christus.

Die Darstellung von Lioba Munz verbindet das Element der Klage und der Trauer, durch die zentrale Gestalt des Johannes mit der Fortführung der Lehre, mit der Verantwortung vor Gott und den Menschen die Botschaft der Liebe weiterzugeben und mit ihr den Glauben an das Weiterleben in Gott nach dem Tod. Unter den vier Evangelien ist das Johannesevangelium, mit seinem Logos-Gesang am Anfang das mit Abstand liebevollste und freieste, dasjenige, das gleichzeitig am konzentriertesten die Eigentlichkeit der neuen Botschaft fasst: Liebe, Hoffnung, Trost, Überwindung und Auferstehung.

Im Epilog des Johannesevangeliums steht: „Noch viele andere Zeichen, die in diesem Buch nicht aufgeschrieben sind, hat Jesus vor den Augen seiner Jünger getan. Diese aber sind aufgeschrieben, damit ihr glaubt, dass Jesus der Messias ist, der Sohn Gottes, und damit ihr durch den Glauben das Leben habt in seinem Namen." (Joh. 20, 30–31)

Abb. 27: Station 13, Jesus wird vom Kreuz genommen und in den Schoß seiner Mutter gelegt

14. DER LEICHNAM JESU WIRD IN DAS GRAB GELEGT

„Und Josef von Arimathäa nahm ihn vom Kreuz, hüllte ihn in ein Leinentuch und legte ihn in ein Felsengrab, in dem noch niemand bestattet worden war. Das war am Rüsttag, kurz bevor der Sabbat anbrach. Die Frauen, die mit Jesus aus Galiläa gekommen waren, gaben ihm das Geleit und sahen zu, wie der Leichnam in das Grab gelegt wurde". (Lk. 23, 51–55)

Josef von Arimathäa war ein Jünger Jesu, aber aus Furcht vor den Juden nur heimlich. Er muss der Oberschicht angehört haben, denn er hatte Zugang zu dem Präfekten und bat Pilatus (Joh. 19, 38), den Leichnam abnehmen zu dürfen. Es kam auch Nikodemus, der früher einmal Jesus aufgesucht und um ein theologisches Gespräch gebeten hatte. Tief beeindruckt schied er von Jesus. Er brachte eine Mischung aus Myrrhe und Aloe, etwa hundert Pfund (ca. 32 kg).

Sie nahmen den Leichnam und umwickelten ihn mit Leinenbinden, zusammen mit den wohlriechenden Salben, wie es bei jüdischen Begräbnissen Sitte ist. An dem Ort, wo man ihn gekreuzigt hatte, war ein Garten und in dem Garten war ein neues Grab, in dem noch niemand bestattet worden war.

Dass Pilatus den Leichnam zur Bestattung freigab, erklärt sich aus dem jüdischen Gesetz, das ein Hängenlassen Hingerichteter über Nacht verbot. Diese Rücksichtnahme wird aber erst dann voll verständlich, wenn er – wie alle Evangelien überliefern – in ihm keinen gefährlichen Verbrecher oder gar Hochverräter sah. Er hatte, wie bereits erwähnt, sein Todesurteil nur unter Druck gefällt.

Die Berichte der Evangelien sind auch für diese Darstellung die Grundlage. Sie ist auf das Notwendigste reduziert: Zwei Männer, das Tuch, der bleiche Leichnam, Kräuter im Grab. Es ist Nacht. Die Raumlosigkeit aller Darstellungen trägt entscheidend zur Zeitlosigkeit der Darstellung bei. Der lineare Grundton der Szene und der Flächencharakter, der durch wenige Farbakkorde verstärkt wird, gibt der Darstellung etwas unabänderlich Faktisches, wie ein Gesetz. Das war es also? Christen glauben, dass das nicht alles war.

Die Reduktion der Ausschmückung auf ein Minimum hat dennoch einige lyrische Momente. Die Unendlichkeit schaut zu. Die Energiewellen des Kosmos tönen einen hintergründigen Choral, in dem die Sterne wie Noten leuchten. Die Mondsichel mit dem verschatteten Rest scheint ohne Klage zuzuschauen.

Das macht den Fortgang der religiösen Wahrheit, dass Christus von den Toten auferstanden ist, dass er seinen Geist, den Heiligen Geist zu uns schickt und dass er wiederkommen wird, umso glorreicher. Anteilnahme, Mitgefühl, Empathie werden nicht durch ablenkende Ausschmückungen in eine falsche Richtung gelenkt. Wir sind mit der Szene und mit uns allein.

Die Hingabe des Sohnes bis in den Tod, die Passio, sein Leiden und Sterben, kann ungeteilt auf die Conpassio, auf das Mitleiden, den emotionalen Nachvollzug treffen, in der Aufmerksamkeit des Betrachters oder andächtigen Beters.

Abb. 28: Station 14, Der Leichnam Jesu wird in das Grab gelegt

KREUZWEG UND PASSIONSZEIT

Die Betrachtung des Leidensweges Christi an 14 Stationen ist innerhalb und außerhalb des Kirchenraumes möglich. Kreuzwegdarstellungen finden sich auch am Weg zu Klöstern und Kirchen. Sie gehören in die Betrachtungsfreude der Volksfrömmigkeit. Zwischen Frömmigkeit und Natürlichkeit gibt es aber gewisse Konflikte.

In der menschlichen Existenz geht es zunächst, wie in der Natur überhaupt, um das ultimative Recht der Fortpflanzung, mit dem ganzen dazugehörigen Balzgebaren zwischen Macht und Ohnmacht. Jeder Mensch sucht daneben seine Idole und Ideale. Das kommt daher, weil wir uneins mit uns selbst auf die Welt kommen. Darum suchen wir Nähe zu den Idolen oder Idealen durch selbstentwickelte Rituale. Diese Hinwendung kann völlig trivial sein, die Intensität der Verehrung aber auf höchstem Niveau wie bei heutigen Diven oder der Gottesmutter Maria. Da steht niemandem ein Urteil zu.

Bei dieser Suche kann man uns Verfehlungen, Angst und Schuld einreden, indem man die Ritualisierung zum Gesetz macht. Christus verwahrt sich an vielen Stellen der Evangelien dagegen, wenn er am Sabbat, dem Ruhetag im Judentum, eine notwendige Handlung für erforderlich hält. Dass seine Jünger am Sabbat Ähren abrissen, weil sie Hunger hatten, wurde ihm vorgeworfen. Die Pharisäer glaubten als theologische, philosophische, politische Elite die Deutungshoheit zu haben und wetterten gegen ihn, drohten mit Strafe. Bei Mt. 12, 1–8 hält Christus ihnen entgegen „Barmherzigkeit will ich, nicht Opfer". Christus heilte am Sabbat einen Mann in der Synagoge, dem die Hand verdorrt war mit dem Argument: „Wer von Euch wird, wenn ihm am Sabbat ein Schaf in eine Grube fällt, es nicht sofort wieder herausziehen?" (Mt. 12, 9–14.) Daraufhin fassten die Pharisäer den Beschluss, Jesus umzubringen. Aus diesen verkrusteten Religionsideologien wollte uns Christus befreien. Christus will uns mit uns selbst versöhnen.

Die Mehrheiten wollen die eingefahren Gewohnten nicht verlassen, zerren seine Botschaft lieber in die Welt des Unversöhnlichen. Damit erniedrigt man sie, beschädigt Gott. In allen Betrachtungsweisen gibt es den Unterschied zwischen Spaß und Freude. Späße sind laut, unterhaltsam und suchen in der Masse ihre Anbindung. Der Spaß will am Ereignis viele Teilnehmer. Das haben alle Religionen erkannt. Zum Unterhaltungs- und Sozialpaket der katholischen Kirche gehören Lichterprozessionen, Gebetsgruppen, Einkehrtage, Meditationskreise, Jugendbetreuung, katholische Weltjugendtage, Wallfahrten nach Jerusalem oder Rom, Gemeindefeste und die Feiertage. Daneben gibt es die Freuden, wie die Freude an Gott. Die Freuden bedürfen nicht zwingend der Menschenmenge, äußern sich im Lächeln der Erkenntnis. Die Kreuzwegandacht wurde angeregt durch die im Mittelalter besonders vom Franziskanerorden geförderten geistlichen Wallfahrten nach Palästina. Der in Jerusalem entwickelte Pilgerbrauch, den Kreuzweg Christi vom Haus des Pilatus bis Golgatha betend abzuschreiten, führte zu den Kreuzwegdarstellungen. Leider hatte die

Begeisterung für die Bildkraft des Leidens von Christus Züge von alleinigem Deutungsanspruch angenommen. Die Vermengung von Pilgerfahrt und Kampf gegen Andersgläubige führte zu politischen, kulturellen und wirtschaftlichen Interessenskonflikten, die durch religiöse Argumente angeheizt wurden. Es entstand Hass.

Im Namen des Gottes der Liebe und des Friedens rief Papst Urban II. (1088–99) am 26. November 1095 auf der Synode von Clermont zum ersten Kreuzzug auf, mit dem Ziel, durch die kriegerischen Unternehmungen der abendländischen Christenheit das Hl. Land, Palästina, von den Muslimen zurückzuerobern.

Im wahren Sinne des Wortes hat die Passion etwas mit Leidenschaft zu tun, mit dem Leiden und der Liebhaberei. Der bekennende Christ hat den Sohn Gottes lieb, mehr noch, er liebt ihn. Er interessiert sich für sein Leiden, weil sich im Sohn Gott selbst zu den Schicksalen und Leiden der Menschen bekennt. Das Begriffspaar „Passio und Conpassio" stand am Ende der Betrachtung der 14. Station des Kreuzwegs. „Leiden und Mitleiden" können extravagante Auswüchse annehmen zum Beispiel Askese, Selbstgeißelung. Sich einzufühlen in das Leiden von Jesus fordert nicht zwingend, sich selbst Schmerzen beizufügen. Die Drastik der Darstellung in früheren Jahrhunderten hatte sicherlich ihre Berechtigung. Die Gefahr besteht, dass die Übertreibung zur Verflachung und zur Fehldeutung führt.

Innerhalb der offiziell festgelegten Form der christlichen Gottesdienste, der Liturgie, ist das Leiden und Sterben Jesu ein wesentlicher Anteil, neben den anderen Ereignissen im Leben von Jesus, die über das Kirchenjahr hin gefeiert werden. Die zitierten Evangelien werden vorgelesen. Die Passionsgeschichte beginnt mit dem Palmsonntag. Dies ist der letzte Sonntag vor Ostern, gleichzeitig der letzte Sonntag der Fastenzeit. Mit dem Palmsonntag, der seit dem 8. Jahrhundert gefeiert wird, beginnt die Karwoche im Christentum. Christen gedenken des von einer großen Menschenmenge gefeierten Einzugs von Jesus in Jerusalem. Er ritt mit seinen Jüngern im Gefolge auf einem Esel in die Stadt zum jüdischen Paschafest. Es folgen in dichter Abfolge: Gründonnerstag, das letzte Abendmahl, Karfreitag mit der Kreuzigung, Ostersonntag und die Auferstehung. Diese Ereignisse sowie später Himmelfahrt und Pfingstfest machen wesentliche Teile der christlichen Lehre und des Glaubens aus.

Der Kreuzweg ist nur ein Segment dieser dichten Ereignisfolge, die in der bildenden Kunst in vielfältiger Form Darstellungen gefunden haben. Der Einzug nach Jerusalem, die Ölbergszene und vor allem das Abendmahl haben in den folgenden Jahrhunderten die größten Künstler zu höchster Ausdruckskraft animiert. Die grafischen Zyklen von Martin Schongauer (1448–91) und Albrecht Dürer (1471–1528) verbreiteten die Leidensgeschichte auch außerhalb der Kirchenräume und ermöglichten in breiteren Schichten die private Andacht. Zur Gefangennahme Jesu, Geißelung, Dornenkrönung, der Darstellung der Passionswerkzeuge kamen weitere Ausschmückungen hinzu sowie die nicht immer zu verhindernde Drastik der Darstellung. Die Kreuztragung, Kreuzabnahme, Beweinung, Grablegung verlangten nach Akteuren, um das „theatrum sacrum" auszubreiten.

Die Passionsspiele in Oberammergau locken als Spektakel Gläubige und Ungläubige aus aller Welt an. Der Ursprung war erschütternd. 1632 suchte die Pest Oberammergau heim. Sie tötete die Bewohner ganzer Landstriche und die Einwohner von Städten und Dörfern. In jeder Familie gab es Tote. Auf dem Friedhof gelobten pestkranke Oberammergauer, wenn niemand mehr an der Pest sterben sollte, würden sie turnusmäßig das Leben und Sterben Christi aufführen. Pfingsten 1634 wurden auf einer Bühne über dem Pestfriedhof die Spiele erstmals dargeboten. Heute ist es ein Festspiel-Spektakel, Volkstheater um die letzten fünf Tage im Leben Jesu im 10-jährigen Rythmus. Es wurde im Laufe der Jahrhunderte verbessert und verfeinert.

Die Gefahr der Übertreibung und Verflachung droht der Darstellungsweise von Lioba Munz nicht. Auch ihre Darstellung ist, im Vergleich zu den Auswüchsen früherer Zeit, eine Reinigung. Die Darstellungen sind voller Klarheit.

Gegenbeispiele detailversessener Ausarbeitung der Gesichter von Maria und Christus veranschaulichen zwei kleine Buchsbaumfiguren mit tragischem Blick und schreienden Mündern. Der Vergleich soll verdeutlichen, wie kraftvoll konzentriert die Arbeiten der Ordensfrau und Künstlerin sind. Dadurch gelangt sie zur essenzielleren Aussage.

Ihr schnörkelloser Dorheimer Christus vereint Tod und Todesüberwindung. Er ist der Gekreuzigte und gleichzeitig der Segnende und

Abb. 29: Altarkreuz, Dorheim, St. Anna

Abb. 30: Kreuzigung mit Maria unter dem Kreuz, Buchsbaumschnitzerei gegen 1640, privat

Abb. 31: Detail Christus
Abb. 32: Detail Maria

Wiederauferstandene, wie ihn der Apostel Thomas gesehen hat.

In seiner Liebe überwindet er den Tod. Dies spricht für den von Lukas zitierten Satz: „Noch heute wirst du mit mir im Paradies sein." (Lk. 23, 41–43)

Die künstlerisch hochwertige Buchsbaumschnitzerei aus der ersten Hälfte des 17. Jahrhunderts zeigt den Todeskampf von Jesus und den Schmerz von Maria eindringlich. Am Leib von Christus erkennt man die überdehnten Arme. Der Brustkorb mit den Rippen ringt nach Luft. Die Augen sind schon fast geschlossen. Es ist der letzte Moment seines Leidens dargestellt. Ein letzter Schrei entringt sich dem geschundenen Körper. Man sieht in den offenen Mund und erkennt sogar die obere Zahnreihe. Was man in dieser Darstellungsform vermisst – nicht sieht – sind die Hoffnung, Erlösung, die frohe Botschaft auf das Paradies. Alles Erleben kreist um den Schmerz.

Auch Maria unter dem Kreuz ist vom Elend des Sohnes erschüttert. Bis in ihr Gewand ist sie vom Schmerz, von der Unruhe des Leidens erfasst und droht unter dem sterbenden Christus vor dem Kreuz zusammenzubrechen. Sie stirbt gewissermaßen mit dem Sohn. Ohne Zweifel ist die Qualität der Schnitzerei bedeutend und steht ganz in der frühbarocken Ausdrucksstärke des Gian Lorenzo Bernini (1598–1680), der nach Michelangelo (1475–1564) der bedeutendste Architekt und Bildhauer Italiens war. Seine unglaubliche Sinnlichkeit in den Gesichtern und deren Mitteilung bis in die Draperie mischt Seelentiefe mit Dekoration und sucht den Effekt bis zur Verblüffung.

Dagegen steht die sachliche, tief empfundene, wohldurchdachte Klarheit der religiösen Kernaussage des Gekreuzigten, die er dem Thomas gegenüber äußerte: „Ich bin der Weg und die Wahrheit und das Leben; niemand kommt zum Vater außer durch mich. Wenn ihr mich erkannt habt, werdet ihr auch meinen Vater erkennen. Schon jetzt kennt ihr ihn und habt ihn gesehen." (Joh. 14, 6–7)

Vor allem in der Fortsetzung ist dieses Kapitel eines der besonders beglückenden unter allen Evangelien, weil es in einfacher Sprache das besondere Verhältnis zwischen Vater und Sohn klärt. Der eine, der Sohn, ist der unverzichtbare Teil des anderen auf dem Weg des Menschen ins Paradies. Diese Botschaft leuchtet aus den Emailarbeiten der Benediktinerin und Künstlerin Lioba Munz, besonders auch aus den beiden Kreuzesdarstellungen, die die Gemeinde Mariä Himmelfahrt in Friedberg (Hessen) von der Künstlerin bewahrt.

TOD UND PARADIES

Das Sterben an sich ist ein natürlicher Vorgang. Er trifft, wie in der Natur insgesamt, reife und unreife Wesen. Wir wollen es nicht wahrhaben, aber wir sind Teil der Natur. In den Intensivstationen der Kliniken stemmen sich die Menschen gegen das Sterben. Das ist ihr Recht und hat auch seinen Sinn. Dennoch ereilt der Tod jeden, und jeder hat seinen leid- und kummervollen Kreuzweg bis dahin zu gehen.

Der unnatürlichste Tod ist der Krieg, wo Menschen gegen Menschen kämpfen. Weltweit, über Jahrtausende und millionenfach sind sie durch den Krieg und den damit verbundenen Hass gestorben. Das Natürliche ist die Fürsorge für das menschliche Leben, humanitäre Hilfe und mitmenschliche Bereitschaft.

Siege und Ängste, Dramen und Glücksmomente mischen sich auf unserem Weg meist in gleichen Anteilen. Gut, wenn man Begleiter auf diesem Weg hat. Es ist immer schwer, ohne Trost, ohne den anderen Menschen nicht den Mut zu verlieren. Auch Religion lebt man schöner gemeinsam. Sie sollte kein Trostpflaster oder Ersatz für Sozialstation und Psychotherapie sein. Die Ansprache durch das Du ist die irdisch notwendige Orientierung. Das bietet Religion zwar auch durch Gemeinde und Gemeinschaft. Religion ist aber vor allem ein Anspruch an uns selbst und das Leben. Sie macht anderes überflüssig außer dem Du in der Liebe, wenn man ihre Tiefe ganz erkennt.

Wir sagen zwar, man sei sich selbst am nächsten, aber wir können uns nicht nahe sein. Um ein klares Bild von uns zu haben, benötigen wir eine Spiegelung außerhalb der Materie, weil wir seelisch-materielle Mischwesen sind. In uns ist das Licht, das ist die Seele. Die Schwerkraft ist die Materie. Die Materie hindert das klare Bild von uns. Die Disharmonie führt zu der Erkenntnisfrage über uns selbst und den Sinn des Lebens. Daraus entsteht die immerwährende Suchbewegung. Die mögliche Spiegelung außerhalb der raum-zeitlichen Fesselung ist Gottes Liebe.

Gott kann in die Suchbewegung hineinwirken, auch durch uns. In der sich ständig im Wandel befindlichen Schöpfung und den sich erweiternden Standpunkten der Wissenschaft, den unendlichen Galaxien, sind der Sinn und Gott schwer auszumachen. Man kann das ignorieren und sich fromm und dumm stellen. Verkrustete Strukturen in den Religionen sind wenig hilfreich. Das Leben hat für viele Menschen ohne Gott nur eine materiell orientierte Existenzgrundlage ohne Perspektive. In Gott eröffnet sich für die Christen der Sinn des Lebens und das Ziel. Der Tod ist der Schlüssel durch dieses Tor in die letztgültige Gemeinschaft mit Gott.

In Paris schrieb Rilke 1902 sein Herbstgedicht, das sich mit dem Tod beschäftigt. Das menschliche Leben vergleicht er mit Blättern. „Die Blätter fallen, fallen wie von weit, als welkten in den Himmeln ferne Gärten, sie fallen mit verneinender Gebärde." Rilke (1875–1926) beschreibt die Einsamkeit und endet: „Und doch ist Einer, welcher dieses Fallen unendlich sanft in seinen Händen hält." Das Fallen ist leider nicht immer sanft. Papst Johannes Paul II. (1978–2005) hat bis in seine schmerzvollen geprüften letzten Stunden bezeugt, dass eine Welt ohne Gott eine Welt ohne Hoffnung ist. In Christus weint Gott mit uns und hat mit uns Angst vor dem Sterben.

Die seltenen Fälle, in denen der Tod mild kommt, gibt es auch. Mehrheitlich ist der Schritt durch dieses Tor für alle Beteiligten aber voller Leid. Das ist erstaunlich am Sterben des Gottessohnes, dass ihm nichts leicht gemacht wurde. Sein Kreuzweg ist darum solidarisch mit dem Schicksal von uns, weil er alle erdenklichen Leiden und Schmähungen auf sich genommen hat. Im Schmerz und im Sterben ist das kein Trost, aber ein Aufruf zum Mut. Mut brauchen wir im Leben und im Sterben.

Hermann Hesse (1877–1962) schrieb das Gedicht „Stufen". Es endet vergleichsweise tapferer und zukunftsweisend. „Vielleicht wird noch die Todesstunde uns neuen Räumen jung entgegensenden. Des Lebens Ruf an uns wird niemals enden. Wohlan denn Herz, nimm Abschied und gesunde." Die Erkenntnis ist klar. Man muss Abschied nehmen, ist noch im Sterben gehalten. Es geht weiter. Aber wie? Und was ist das Paradies, das Christus seinem Mitgekreuzigten noch in der Nacht des Sterbens verspricht?

Alle Religionen kennen das Paradies als ewige Jagdgründe, Walhalla, Nirwana und anderes. Ob es allerdings der umzäunte Garten Eden ist, aus dem Gott die ersten Menschen nach dem Sündenfall vertrieben hat, ist anzuzweifeln. (1. Mos, 2, 4b–25)

Immerhin besaßen Adam und Eva in diesem Urzustand laut Bibel die heiligmachende Gnade sowie die Gabe der leiblichen Unsterblichkeit. Es ist ein Urzustand, in den wir aus der Zeitlichkeit mit allen Schmerzen, Leiden, Verfehlungen zurückkehren in einen Glückszustand, der, die ganze Vielfalt der sich entwickelten Schöpfung eingedenk, alle Völker und Einsichten versammelt.

Es ist vielleicht das wortlose, geschwisterliche Beieinander in der Wärme gemeinsamer Atmung, das beglückende Harmonieren zeitloser Schwingungen und die Vereinigung in der Liebe Gottes, geborgen als Sünder und gutes Geschöpf zugleich vor Gott.

Christus äußert sich verschiedentlich zum Paradies und zum Weiterleben. Besonders eindrucksvoll ist die Antwort, die er den Sadduzäern auf die Falle erteilt, die sie ihm stellen wollten. Die Sadduzäer glaubten nicht an das Weiterleben nach dem Tod. Dem populär gewordenen Prediger, der immer auch von Himmelreich sprach, stellten sie folgende Frage, die neben den anderen Synoptikern der Steuerpächter Matthäus übermittelt:

„Es waren sieben Brüder. Der erste war verheiratet und starb ohne Kinder zu haben. Nach dem Gesetz des Moses musste nun der nächste die Frau heiraten und seinem Bruder Nachkommen beschaffen. So heirateten alle sieben die Frau, die dann auch starb. Wessen Frau wird sie nun bei der Auferstehung sein. Alle sieben haben sie doch gehabt. Jesus antwortet ihnen: (…) Nach der Auferstehung werden die Menschen nicht mehr heiraten, sondern sein wie die Engel im Himmel. Habt ihr im Übrigen nicht gelesen, was Gott euch über die Auferstehung der Toten mit den Worten gesagt hat. Ich bin der Gott Abrahams, der Gott Isaaks und der Gott Jakobs?" (Mt. 22, 22–33)

Jesus meint damit, dass Gott nicht Gott der Toten, sondern der Lebenden ist. Abraham, Isaak, Jakob leben bei Gott, so wie wir wahrscheinlich alle früher oder später.

Die engelgleiche Übergeschlechtlichkeit nach dem Tod ist eine Vorstellung, die nur vorüber-

Abb. 33: Vortragekreuz, Marienkirche, Friedberg, 1954, Vorderseite

Abb. 34: Vortragekreuz, Marienkirche, Friedberg, 1954, Rückseite

gehend irritierend sein kann, wenn man bedenkt, dass neben den spürbaren Freuden familiären Glücks auch Obsessionen, Eifersucht, Verletzungen, Knechtung, Geschlechterrolle, Unfreiheit, Hass, Gier, Krieg und anderes aus der Geschlechtlichkeit entwachsen sind. Die Weisheit des mönchischen Lebens und des Lebens der Nonnen will darum die Keuschheit als Postulat. So entstand auch die Vorstellung der Armut. Aus solcher Erkenntnis resultierte die Vorstellung vom Gehorsam. Man folgt nur der Gottesidee um des Himmels willen.

Christus formuliert die Ehe nicht zwingend als das einzige Ideal: „Denn es ist so: Manche sind von Geburt an zur Ehe unfähig, manche sind von den Menschen dazu gemacht und manche haben sich selbst dazu gemacht – um des Himmelsreiches willen. Wer das erfassen kann, der erfasse es." (Mt. 19, 12) Das Himmelreich ist das Paradies. Der Gekreuzigte ist der Garant.

In der Kirche Mariä Himmelfahrt gibt es auch ein weiteres Zeugnis der großen Kunstfertigkeit von Lioba Munz. Im Zusammenhang mit der Auftragsvergabe für den Kreuzweg in Dorheim ist vermutlich das Vortragekreuz angeschafft worden.

Mit vierzehn Jahren werden die Kinder gefirmt. Die Firmung ist mit Taufe und Erstkommunion das Sakrament der christlichen Initiation. Sie wird als Gabe des Heiligen Geistes an den Gläubigen verstanden. Man gehört zum Kreis der Erwachsenen, trägt Verantwortung vor Gott. Es löst die beschriebene Suchbewegung aus, die im Erwachsenenleben verloren geht. Am Altar rechts steht in einem Ständer das Vortragekreuz. Die Christusdarstellungen dort wie hier verraten dieselbe Handschrift. Die Rückseite zeigt die vier Evangelisten.

Es erinnert an feierliche Prozessionen. Dieses Kreuz wird an Feiertagen beim Einzug in die Kirche, bei Begräbnisfeiern, Gräbersegnungen und Prozessionen getragen; voller Stolz. Nicht im Sinne wie einst römische Soldaten ihre Legion- oder Feldzeichen getragen haben, wenn sie in die Schlacht zogen. Das Vortragekreuz war das Zeichen einer anderen Identität, Zeichen des Friedens, der Vergebung, der Liebe. Weder kann man sich nicht hinter einer Kohorte noch hinter einer Gemeinde verstecken. Jeder Einzelne ist gehalten, selbst zum sichtbaren Zeichen vor Gott und den Menschen zu werden.

Gerade auch die Wissenschaften bestätigen letztendlich die Absolutheit Gottes. Der theoretische Physiker Albert Einstein (1879–1955) formulierte: „Wissenschaft ohne Religion ist lahm, Religion ohne Wissenschaft ist blind." Der verehrungswürdige Goethe (1749–1832) schrieb in den Zahmen Xenien 1827 noch drastischer:

„Wer Wissenschaft und Kunst besitzt, hat auch Religion; wer jene beiden nicht besitzt, der habe Religion."

Im Johannesevangelium ist das erste Kapitel der Lichtgesang Gottes: „In ihm war das Leben und das Leben war das Licht der Menschen. Und das Licht leuchtet in der Finsternis und die Finsternis hat es nicht erfasst." (Joh. 1, 2–3)

Johannes feiert das Licht als geistiges Zeichen, als Voraussetzung für das Leben, das Sehen und das Erkennen. Dass das Licht eine Umwandlung in Masse erfahren kann, hinwiederum Masse Licht werden kann, ist eine Erkenntnis jüngerer Forschung. Aber selbst Johannes will die Wandlung durch das Licht, die Metamorphose durch das Licht ins Ewige. Christus ist für ihn das Licht.

„Wär nicht das Auge sonnenhaft,
die Sonne könnt es nie erblicken.
Läg nicht in uns des Gottes eigne Kraft,
wie könnt uns Göttliches entzücken?"
(J.W. von Goethe, 1749–1832)

Der Vierzeiler Goethes (1827) geht auf die jahrelange Beschäftigung mit Plotinus zurück, den er teilweise übersetzt hatte. Plotinus (205–270) hatte in Alexandria studiert und war 245 in Rom als Lehrer der Philosophie tätig. Auf Platon zurückgreifend ist er der Meinung, dass alles Seiende durch Emanation, er nennt als Beispiel die Aussendung des Lichtes durch die Sonne, aus dem unbeschreiblichen Einen hervorgeht. Dies Eine steht noch über der Weltvernunft, der man sich philosophisch zu nähern versucht. Ohne Verlust an Energie erreicht den Menschen eine Strahlung voll Wärme und Geborgenheit, deren Ursprung wir nicht definieren können. Goethes Gedicht fasst diese komplexe Erkenntnis bildhaft zusammen.

Licht als geistiges Zeichen, das göttliche Licht und seine bergende Ausstrahlung scheint in besonderer Weise in die Arbeiten von Lioba Munz eingegangen zu sein. Das Leuchten und die Ausstrahlung ihrer Arbeiten sind von großer Unmittelbarkeit. Die klare, entschlackte Form, die Dramaturgie über wenige Farben vermitteln eine kraftvoll präzise religiöse Aussage. Vor allem die theologisch orientierte Aussagekraft des Johannesevangeliums war in besonderer Weise intellektuell anregend für die Künstlerin. Das entspricht ihrer eigenen gedanklichen Klarheit.

Durch ihr ganzes Werk zieht sich eine harmonische Grundgestimmtheit, die sich an dem kosmischen Unendlichkeitsgesang beteiligen will. Dies ist auf ihre hohe musikalische Begabung zurückzuführen.

Abb. 35: Vortragekreuz, Heilig-Geist-Kirche, Friedberg, 1960

Wie kraftvoll, klar und eindringlich ihre Arbeiten sind, belegt der Vergleich von zwei Szenen aus den älteren Kreuzwegstationen in der Marienkirche mit zwei gleichen Szenen aus ihrer Werkstatt. Es handelt sich um die Stationen, in denen Christus unter dem Kreuz zusammenbricht und die Szene mit dem Schweißtuch der Veronika. In der oberen Bildreihe aus der Marienkirche sehen wir die pathetisch, dramatische Ausschilderung vor Goldgrund, wie sie in der Wilhelminischen Ära überall anzutreffen war. (siehe S. 63) Neben Christus stehen drei Assistenzfiguren. Der Held stürzt auf steinigem Boden. Bedeutende Persönlichkeiten, übergewichtig und mit Bart, kommentieren dessen Schicksal. Der arme, ausgemergelte Simon weiß nicht so recht, was er machen soll. Bewusst sucht dieser Künstler seine Vorbilder in der spätmittelalterlichen Malerei, der Mitte des 15. und frühen 16. Jahrhunderts.

Die Darstellung der Veronika zeigt eine anmutige junge Frau, kniefällig in tiefer Verehrung für den Erlöser. So hat sie ihm aber wohl kaum das Tuch gereicht. Wieder ist eine Vier-Figuren-Staffage vor dem Goldgrund gemalt. Die Malerei vermittelt den Eindruck von Laientheater.

In der Beschreibung des Kreuzweges wurde ausreichend auf besondere Qualität der Kunst von Lioba Munz hingewiesen. Der Vergleich macht den Unterschied in nicht zu übersehender Weise deutlich. Die von Christus ausgehende Botschaft, seine Worte, die Kernaussage seiner Passion sind die Vergebung und die Aufnahme in das Paradies.

Es waren Jesu Worte, die die ersten Jünger Simon Petrus und Andreas in seine Nachfolge gezogen haben. Dann folgten die Brüder Jakobus und Johannes – ohne Erfolgsaussichten irgendwelchen Versorgungszusagen, Rentenansprüchen und kassenärztlicher Versorgung. Sie müssen von der Unabdingbarkeit seiner Worte, der Ausstrahlung seiner Persönlichkeit ergriffen gewesen sein. Sie ließen ihren Alltag einfach hinter sich: „Als er weiterging, sah er Levi, den Sohn des Alphäus, am Zoll sitzen und sagte zu ihm: Folge mir nach! Da stand Levi auf und folgte ihm. Und als Jesus in seinem Haus beim Essen war, aßen viele Zöllner und Sünder mit ihm und seinen Jüngern zusammen." (Mk. 2, 13–17)

Dieser Levi hatte in der Gesellschaft seiner Zeit einen großartigen, ertragreichen Beruf, nicht sehr angesehen, aber rentabel. Levi ist der spätere Evangelist Matthäus. Was für eine radikale Entscheidung für Jesus. Solange wir den Kontostand zum Maßstab unserer Wertschätzung machen, die Show ernster nehmen als das Leben und die Wirklichkeit, solange wir nicht zu den Armen gehen durch Verzicht, wird es schwer, die Welt zu ändern. Das Schöne ist nicht eine ästhetische Qualität. Das Schöne ist das Unverstellte und Wahre. Der Tod ist wahr, der kommt bestimmt. Aber ist auch das Paradies wahr?

Das Ungewöhnliche an der Paradiesvorstellung von Christus, auch dies macht seine Lehre so einzigartig, ist der übergeschlechtliche Seelenzustand der Verstorbenen. Es gibt schließlich auch Paradiesvorstellungen, wo die Frauen noch in ihrer Mägderolle den Männern gegenüber fortgedacht sind. Christus gibt der Frau eine völlig emanzipierte Rolle im Paradies. Es wird nicht mehr geheiratet, und alle sind den Engeln gleich. Das hat die christliche Kirche, obwohl es in allen vier Evangelien gesagt wird, 2000 Jahre lang eher verschwiegen. Selbst die Reformation hat die Geschlechterrollen mit ihren eigentümlichen Zuweisungen nicht verändert. Wenn aber die Liebe die göttliche Potenz ist, die als die eigentliche, wenn auch nicht messbare Energie die Schöpfung bestimmt, muss sie die Geschlechtlichkeit überwinden, damit man in diese Absolutheit eingehen kann.

Die so wenig beachteten Sätze von Christus machen das Weiterleben nach dem Tod wahrscheinlich und wünschenswert. In den Arbeiten von Lioba Munz, in ihrem Klang, in den linearen Energien, in den lichten Farben ihres Kreuzwegs, lebt die frohe Glaubensgewissheit, dass Tod, Geschlecht, Raum und Zeit überwunden sind. Hier auf der Erde ist jeder von uns armen Menschen, ob im Guten oder im Bösen in den physikalischen und geschlechtlichen Fesselungen unterwegs. Nur der Tod kann uns davon befreien.

Durch Christus verstehen wir, dass der Tod die größte Umarmung Gottes in unserer irdischen Existenz ist. In dieser Umarmung nimmt er uns im Geist der Liebe in sein Licht auf. In seinem Sohn und in dessen Sterben sind Tod und Liebe vereint zum ewigen Leben. In ihm und durch ihn verwandelt sich selbst unser Irren und unser Kreuzweg in das Erlösende „omnia ad majorem Dei gloriam, – alles zur größeren Ehre Gottes."

Abb. 36: Station 3, Mariä Himmelfahrt, Jesus fällt zum ersten Mal

Abb. 37: Station 6, Mariä Himmelfahrt, Veronika reicht Jesus das Schweißtuch

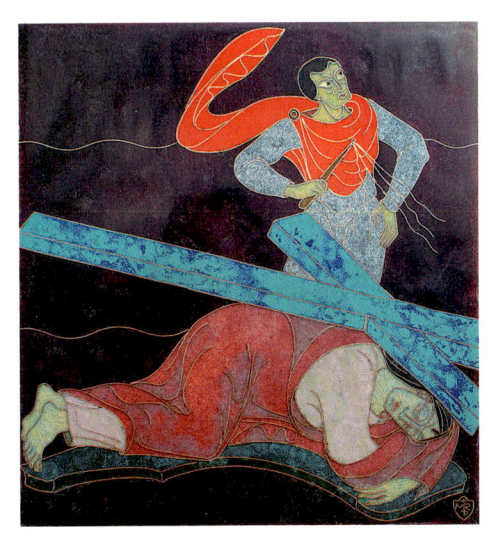

Abb. 38: Station 3, St. Anna, Jesus fällt zum ersten Mal

Abb. 39: Station 6, Veronika reicht Jesus das Schweißtuch

LITERATURNACHWEIS

H. W. Steinwachs, 66 Jahre St. Anna Dorheim 1954–2020, 2020.

Alle Zitate nach den vier Evangelien sind entnommen aus:
Die Bibel, Einheitsübersetzung, Altes und Neues Testament, herausgegeben im Auftrag der Bischöfe Deutschlands, Österreichs, der Schweiz, 2015.

Alle biografischen Daten zu Lioba Munz wurden der Biografie von Michael Imhof entnommen:
Michael Imhof, Lioba Munz (1913–1997), Leben und Werk der Benediktinerin und Künstlerin, Michael Imhof Verlag, 2014.

Gotteslob: Katholisches Gebet- und Gesangbuch, Ausgabe für das Bistum Mainz, Ausgabe K, Kreuzwegandacht, 2013, S. 948–960.

Johann Wolfgang von Goethe (1749–1832), Gesammelte Werke in sieben Bänden, 1953, 1. Bd. Gedichte, S. 321.

Hermann Hesse (1877–1962), Mein Gedichtbuch, 1961, S. 75.

Rainer Maria Rilke (1875–1926), Gesammelte Gedichte, 1962, S. 156.

ABBILDUNGSNACHWEIS

Michael Imhof Verlag Fulda, Abbildung Nr. 5, 12.

Elmar Egerer, Abbildungen Nr. 1, 2, 4, 7–11, 13–29, 33–35, 38–39.

Dieter Dollinger, Abbildungen Nr. 3, 6, 30–32, 36–37.

DER AUTOR

Dr. Friedhelm Häring, geboren 1947 in Ellar, Studium der Kunstgeschichte, Archäologie, Vor- und Frühgeschichte in Gießen und Frankfurt am Main. Promotion in Kunstgeschichte 1977. 1971–78 Dozent für Kunstgeschichte an der Privatschule für Graphikdesign in Frankfurt am Main. 1982–86 Lehraufträge und Gastvorlesungen an der Philipps-Universität Marburg. 1988–89 an der Internationalen Akademie für Kunst und Gestaltung der Fachhochschule Hamburg. USA-Stipendium 1988. Von 1978–2012 Direktor des Oberhessischen Museums Gießen. Seit 2013 tätig als freier Kurator und Autor. Publikationen zur französischen und deutschen Kunst des 20. Jahrhunderts, u. a. zu Pablo Picasso, Georges Braque, Henri Matisse und Raoul Dufy, ebenso u. a. zu Fritz Winter, Otto Greis, Bernard Schulze, Otto Ritschl, Friedemann Hahn, Bernhard Jäger. 1979 Kunstreiseführer Hessen bei DuMont Verlag zusammen mit Hans-Joachim Klein. Zuletzt Gedichtband: Liebe, Tod und Zeit, 2018 und Stille Zeit, mit Isabelle Dollinger, ein Weihnachtsbuch, 2021.